消解煩惱的具體方法

智慧100

MASTER SHENG YEN ON
100 GATHAS OF
BUDDHIST WISDOM

聖嚴法師——著
朱德庸——繪

自序

佛說的法都是智慧的語言，
是從佛的大覺智海中流出；
是從佛的大悲願海中流出。
智慧的語言，清涼自在；
慈悲的語言，溫馨可愛。
為我們從煩惱中解除困擾，
為我們從迷茫中指點出路。
在我們憂愁時給予希望，
在我們徬徨時給予引導，
在我們恐懼時給予鼓勵，
在我們得意忘形時給予當頭棒喝。

這本書的緣起，在《聖嚴說禪》一百則出書後，交待葉翠蘋女士從《法句經》、《華嚴經》、《法華經》等諸經及《大智度論》中，摘出短偈一百則，由我逐則以現代人的角度用口語解說其涵義。完成後發現內容不夠紮實，文章結構也不夠精鍊，所以帶到美國重新寫過。是文學性的，也有一些思想性的味道，讀的時候，不妨多咀嚼咀嚼。

本書的大部分曾在《聯合報》的副刊連載，從一九九六年元月起，直到一九九七年七月止，也在聯合報系海外版的各報副刊同步刊出，深獲國內外讀者們的喜好與佳評。刊出的文章，每則均配有名漫畫家朱德庸先生極富幽默感與思想深度的插繪，為之增色不少。

現在此書將由法鼓文化及聯經同時出版，謹以數語，報告其成書的經過，就算是序吧！

聖嚴

一九九七年十月三十日寫於紐約東初禪寺

朱序

無論漫畫或插畫，對我而言一直都是抱著「玩」的心態，沒有負擔、沒有包袱，更遑論責任，也從未有任何可能藉著這種「玩」的形式，來企圖改變眾人的想法，即使讓人看完我的漫畫後可能對人生有那麼一絲絲的感觸都非我本意。對我來說，一切都是那麼的「自然」，而這「自然」也就促成了我和師父這一段的合作。

記得當初受邀為聖嚴師父的《智慧一〇〇》配圖時，腦海中浮現出第一個感覺就是：宗教能讓我「玩」嗎？第二個浮現出的感覺就是：我「玩」得起嗎？想了半天，最後決定用最自然的法則，就是「自然」。自然地畫，若不適合自然會退稿，我每一篇都只看一遍，然後就毫不猶豫很自然地畫出讀後的感覺，結果不單證實了我的「自然」沒有錯，或說沒有出錯，同時證明了師父豁達的心胸及開明的思想。

之後有機會和師父接觸，也深深被師父的幽默風趣所吸引，有時我甚至覺得師父頗是一個漫畫家的料。期間每次和師父見面，師父都鼓勵有加，師父的自然常常讓我覺得自己不太自然。

記得有一次聚會，師父和我聊著《智慧一〇〇》的插圖，兩人正為有此合作因緣感到高興，在旁聆聽的一個人突然問道：「你們講的是什麼專欄？在哪裡刊登？我怎麼都沒看過？」師父和我對看一眼，霎時覺得自己「破功」，然後兩人狂笑不已。

《智慧一〇〇》的插圖歷時年餘全部刊登完成，至今我仍深信創作時「自然」的重要，而和師父合作之後，更讓我堅信一位「自然」的支持者是同等的重要。

朱德庸

目錄

第二篇 真人無垢

第三篇 假戲真演

第四篇 不死之藥

第一篇
智慧之眼

智者多聞

多聞令志明，已明智慧增；
智則博解義，見義行法安。
——法句經卷上・多聞品

多聞是博聞強記、博學勤學的意思。在佛的弟子中，多聞第一是阿難尊者，他只要有所聽聞，就牢記不忘，且能條理分明。此處所講的多聞是指一方面經常追求新知識，一方面又不斷地溫故知新，對自身專業的知識要求深入，對各種不同領域的學問要求廣泛，然後加以貫穿通達，自成一家的創見。不會讀書的人，一旦多看了幾本書，講出來的話可能陷於自相矛盾的窘境。真正多聞的人，卻能把各家各派的知識化成自己的學問，這才是智者。所以多聞可以確定自己的方向和志趣，不會因為看多了書反而迷失自己。

明瞭自己思想的道路，確定努力的目標和處世的原則之後，智慧日日增長。智慧可以從讀書而來，同時也會從體驗中開發。若無體驗，智慧欠踏實，不過是人云亦云，東扯西拉，不能成為與自己生命相結合的學問和見解。有了智慧才能像名廚那樣五味調和百味香，高明的廚師能善用種種材料變化出風味獨具的佳餚。如果不能建立自己的風格，便不是真有智慧，也不能稱為多聞。

智者博解衆義，有智慧的人都能一門深入，又能門門相即相容。不僅通達佛經，對一切學問也有如探囊取物，順手拈來皆成妙諦的工夫。

理解真實的義理之後，必然要即知即行，並且如法而行，自安安人。以他自己所理解的義理去實踐，繼而從實踐中體會更深一層的道理。其思想和行為既能安頓自己，也能安頓他人。

三無漏學

以戒降心，守意正定，
內學止觀，無忘正智。
——法句經卷上．戒慎品

這四句話講的是道德的生活、精神的安定、智慧的修養，也就是戒、定、慧的三無漏學。「以戒降心」是以道德綱領，軌範身、口兩類的行為；「守意正定」是以止觀的方法達成定心、安心的工夫；「無忘正智」是以正知正見、正念正思的修養，達成開發正慧的目的。用此戒、定、慧的三種功能來對治人的貪、瞋、癡等根本煩惱。

許多人聽到「戒」這個名詞就會害怕，覺得是些教條式的約束，不受戒還沒事，一旦受戒就這也不能那也不行；其實這是錯誤的觀念。戒不是叫我們什麼都不要說，也不是叫我們什麼都不要做，而是不說不做有損於己有害於人的事。殺人、竊盜、邪淫、妄語等等不善的行為，都是先由心中產生不滿足、貪求、嫉妒、憤恨，才會去做的；如果有了戒，就可以降心。所謂降心是降貪心、降瞋心、降癡心。降心之後，不平衡的心理現象會愈來愈少，愈來愈安定。

把心安定之後要守住它，不讓它受環境的刺激誘惑而起波動，漸漸就能入定。正定與邪定相反。正定是從正念而來，對於物質環境的引誘，當以少欲知足的心態，運用止觀的方法修行。「止」是心念止於一境，「觀」是觀照心念的動靜狀態，在同一個焦點上不斷地反覆地止與觀，便能定心安心。換言之，妄念不起叫作「止」，念念分明叫作「觀」。心無邪思即是正念，以正念修止觀，便得正定。

由正定能產生正智，正智和邪智不同。邪智是用心思、走歧途、經偏門，取不義之利，爭虛浮之名；正智是洞燭先機，明因果曲直，能夠安定人心，不受誘惑，並能恰到好處地面對、處理、化解各種人我的問題，其立場絶非自私自利、損人利己。

這四句話可説是佛法的基本原則。「戒」能保護自己身心健康。「定」能使人心平氣和、情緒穩定，乃人生一大享受。「慧」能使人經常保持清明的觀察力和明快的決斷力，以客觀態度處理問題。三無漏學在在使人活得更幸福，即使未信仰佛教的人也可以運用得益。

智慧之眼

世俗無眼，莫見道真；
如少見明，當養善意。

——法句經卷上．世俗品

世人沒有慧眼，不見正道，就如盲人見不到光明。這個偈子勉勵我們當以培養善意來開智慧之眼。

「世俗無眼」是說一般人囿於一己之私，沒有深見和遠見。有智慧的人，則已放下了私利的追逐，所以凡事都能從小處著手，並且從大處著眼；從近處著力而且從遠處著想；不從個人看得失而從整體論成敗；不是從自私自利的立場出發，而是以全體人類的幸福為起點。有智慧的人明察秋毫，不僅能事事洞燭先機，還能時時超越當下，不但看清正面，也能了解反面，且能超越正反兩面，落實於絕對的客觀，這才能看得到真正的事實、真正的原因和真正的結

果。一般人則因自私自利而矇蔽了眼心，看不到正道真理，老在煩惱在黑暗中跌跌碰碰。有智慧的人，所見的日日是好日，所遇的人人是好人。愚人被環境捉弄，智者能改造環境。愚人看世界是人間的地獄，智者看世界是光明的淨土。

如何培養智慧？即當培養「善意」，有兩個方向：一是透過智者的觀點來認識世界，一是用修養的方法來改變自己的心向，先使身心平衡，然後以平常心看待世界。前者是知識的，在觀念上疏導；後者是實踐的，在方法上練習。如此雙管齊下，可培養出智慧的眼睛。

當我們說世間差勁之時，那表示我們是用世俗的眼光來看。如果培養善意，即使無法立刻看到佛國淨土，也會心平氣和一點，不會那麼忿忿不平。

面對現實

觀諸法生滅，一切本來空；
知世間成敗，從業而有生。
——六十華嚴經卷二十四．十地品第二十二之二

此偈是說，以智慧的觀點來觀察一切現象的生生滅滅，就會體悟到一切現象的本性，是無生無滅的，本來就是空的；也知道世間的一切現象之所以有成敗起落，是因為眾生所造種種業而產生了種種現象。

有一次一位居士要介紹一位女士來見我，說她有名有錢有地位、有公有婆有父母、有兒有女有丈夫，什麼都有，就是沒有快樂，所以希望我能指點她幾句話。見了面，我問她，要我告訴她什麼？她說她已不少什麼，只是感到缺少一些自由，也好像一輩子都在為他人而活，所以不覺得有什麼幸福。我告訴她：「你不是沒有

自由，也不是沒有幸福，只是少了一點智慧，缺了一些慈悲。也許最近太累了，你需要休息幾天吧！」

我告訴她：智慧與煩惱相對，不快樂是因為太在乎自己的存在，也太在乎周遭環境的存在，這是很累人的。慈悲與怨瞋相對，不幸福是因為自己不想付出太多，相反地，他人卻還嫌你付出太少，這是很煩人的。如果你有智慧，就知道一切世間的事物，起起滅滅、來來去去，都是暫時有而本來空，何必那樣地在乎自己、在乎他人。如果你有慈悲，就不會計較付出的多少，不會在乎他人的反應如何，只是為了愛護環境、照顧他人，而做奉獻。有智慧者能夠放得下，因為一切本來就是空的；有慈悲者能夠提得起，因為有世間就有業，多造善業，多結善緣，正是菩薩的心懷。如果既有智慧又有慈悲，就會發現你是天天都在自由自在地生活，天天都在心甘情願地奉獻，當然不會累也不覺得煩了，連休息幾天也用不著了。

此偈告訴我們的消息是：因為一切的人、事、物以及人的觀念和想法，都在起起滅滅，所以從空而有，由有歸空，不必為了成敗得失而起煩惱。可是，既然生活於此世間，一定是在成敗得失的現實之中，不論是苦是樂、是成是敗、是得是失，都是由於自作自受；不論你記得不記得，通過三世因果的觀點來看，你必須面對現實，改善未來。

現在主義

過去是未來，未來是過去，
現在是去來，菩薩曉了知。
——六十華嚴經卷三十三．普賢菩薩行品

此偈是說，以菩薩的智慧，發現時間的過去、現在、未來，是互相交錯而不可分割的，所以說過去就是未來，未來也就是過去，現在就是過去及未來。這對一般人的常識世界的認知來說，是無法理解的。

這兒絕對不是玩文字遊戲，顛三倒四，事實上，它有既深奧又淺顯的道理在裡面。

在現實世界裡，一切動物之中，人類居於最高等的層次，因為有記憶、能思辨、累積經驗，形成了文化。這都是時間感的反應，所造成的結果。記憶著過去的經驗，變成生活於現在的知識和技能，運用過去的記憶加上現在的事實，便能展現出未來的景觀。

正因為人類具備在時間上的條件，朝向正面發展，便是不斷地改正過去、更新未來；朝向負面延伸，便是對過去的眷戀與追悔，對未來的夢想與憂慮，對現在的不滿與不安。這就為人類造成精神上的壓力和生活上的苦惱。

因此菩薩慈悲，告訴我們：時間雖然是有的，而且也是人類所需要的，但是不要被時間所騙，不要以為過去的已經過去，未來的一定會來，現在的永遠不變。站在你現在的立足點上，你是帶著從前，走到現在，你

又立即帶著你的過去和現在，走出未來。所以不論你的記憶力如何，也不管你的推想力如何，現在的你，雖不等於是過去的你，也不就是未來的你，但確實是和你的過去及未來，聯繫在一起的。

曾經有一位禪師，離家數十年，再度回到家鄉時，他的親人都認不出他了，經他自我介紹後，他的親人便驚訝地問：「變成這麼老了，你真的是我家那個人嗎？」

禪師回答說：「那個人的確就是我，我這個人的確不是他。」這兩個人的對話，點出了時間的前後，雖不可分割，但又歷歷分明。

不用牽掛過去，不必擔心未來，踏實於現在，就與過去和未來同在。

求學要訣

夫學有二，常親多聞，
安諦解義，雖困不邪。

——法句經卷上．教學品

求學有兩個要訣：第一是常親近善友，第二是遵守真理。「學」是指聖人之學、解脫之學，也就是離煩惱之學、安心安身之學。

「多聞」是多多學習待人接物，與人共處，化解煩惱，增長智慧的觀念和方法。簡言之，多聞者是學問淵博、知識豐富的人；在佛教界稱之為「善知識」，指的是良師益友，能為我們傳遞經驗、解惑紓困並授之以正確實用的方法。

「解義」是指對理論的了解、對學問的洞悉。「多聞」是多聽、多學、多讀書；「解義」則是對聽到、讀到的任何學問都能了

解其內容。這又可分成兩個層次：第一種是從語言文字的表面去理解，望文生義，卻不一定是真正的意思。第二種則是以自己對人生的體驗及對佛法的修行來通達、識透文字的內涵，根據實際經驗，根據證悟層次之不同而有不同的體認。

懂得這兩個名詞之後，知道求學要常親近、請教、請示博聞强記的人或見多識廣的人，由此可以獲得智慧的啓發和學識領域的開拓。然後便能安住於正確的、正當的、真實的道理。若能如此，即使遇到思想上、生活上、身心上、環境上的任何困難，皆可迎刃而解，也不會被錯誤的觀念或不良的環境所誘惑而走上邪道，像一些人在平常時候，仁義道德都聽得懂也講得出口，一旦面臨利害關頭，卻可以出賣良心，追求不正當的利益去了。

不如無知

諸法無自性，一切無能知；
若能如是解，是則無所解。
——六十華嚴經卷十．夜摩天宮菩薩說偈品

一切現象沒有固定不變永恆的本質，也沒有一定不變永恆的真理讓我們認知。假如有誰能理解到這樣的事實，也就沒有什麼大道理可以被了解說明的了。

所謂「諸法無自性」，是說任何現象沒有不變的恆常性，任何現象都會由於時間和空間因素的變遷而產生變化，任何物質現象及精神現象都是如此，故世上並無永恆的真理和不變的事物。

然而，一般人即使在觀念上有此認同，事實上卻難以體會；總在茫然迷惑、不明所以的情況下，對一切現象在心理上產生正負兩面的反應。正面反應是想迷戀它、追求它、占有它，形成貪得無厭、永不滿足的苦惱；負面的反應是，想要的追求不到，無法占有；已經到手的，擔心失去，真的失去了，那就產生了永遠沒有安全感的苦惱。這是非常辛苦的，天天忙忙碌碌，居然就是為了自尋苦惱而忙。有人說是為了生活，為了事業，為了成就感。其實只是為了一種莫名其妙的想法或似有實無的事物而忙。

一般人是被物欲牽累而辛苦。知識分子的思想家們，則為對於某種想法或所謂意識型態的堅持而辛苦一輩子。有人認為他們的理念、想法和判斷是絕對正確的。其實，世間任何事物包括思想觀念在內，沒有一樣能夠不受時間、環境的影響而一成不變的，現實情況經常改變，思想觀念也就無法不讓它隨之改變。所以，自己的見解和判斷，只能代表你自己的現在，說不定你到明天就會修正你自己的見解。但往往有些人為了意見的出入，爭得臉紅脖子粗地形同水火。人不能沒有自己的立場，但也該尊重他人的立場，否則，不僅困擾自己，也困擾他人。

正因為任何東西都會變化，於是求知就僅是一樁比較的行為，而不是造成獨斷行為的手段。求知是為了生活的方便，不是為了要抓住一樣東西不放，否則知識反而成了生活的累贅，那又何苦來哉。現代人的資訊發達，消息來源豐富，大家一方面希望知道得更多，另一方面又被想要知道的東西衝擊得頭暈目眩，忘了自己是誰。

戰勝自己

千千為敵，一夫勝之，
未若自勝，為戰中上。

——法句經卷上・述千品

這個偈子是說，若以一個人的力量去戰勝成千上萬的敵人，當然是夠勇猛的戰將了，但是，還不如戰勝自己的煩惱心來得有價值。這四句話是意味著「最大的敵人是自己」。

人的一生，總是在與自然環境、社會環境、家庭環境做著適應及克服的努力。因此有人形容人生如戰場，勇者勝而懦者敗；從生到死的生命過程中，所遭遇的許多人、事、物，都是戰鬥的對象。其實，自己的心念，往往不受自己的指揮，那才是最頑强的敵人。

一般人認為，如果沒有危機感、競爭力或進取心，可能會失去生存的空間，所以許多人都會殫精竭慮地為自己、為孩子安排前途，以做為發展的戰場。

人生的戰場上，千軍萬馬，殺氣騰騰。一位在作戰時，能夠萬夫莫敵，屢戰屢勝的常勝將軍，功勳彪炳，使得敵軍望塵披靡，但他內心是否平安、自在、歡喜，就大有問題。例如拿破崙在全盛時期幾乎統治半個地球，戰敗後被囚禁在一座小島上，相當煩悶痛苦，難以排遣，而說：「我可以戰勝無數的敵人，卻無法戰勝自己的心。」可見能夠戰勝自己的心，才是最懂得戰爭的上等戰將。

要戰勝自己很不簡單。

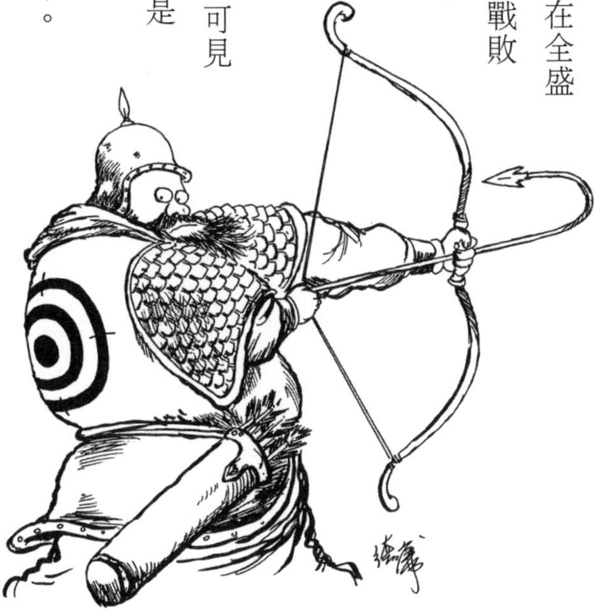

一般人得意忘形，失意時自暴自棄；人家看得起時覺得自己很成功，落魄時覺得沒有人比他更倒楣。唯有不受成敗得失的左右、不受生死存亡等有形無形的情況所影響，縱然身不自在，卻能心得自在，才算戰勝自己。

平常人很難不受環境影響，矛盾、衝突、掙扎，經常發生，如何調伏煩惱，非常重要。發生在心外的事比較好應付，發生在心中的事則較難處理。這需要做自我排解、自我平衡的工夫，在觀念和方法上都要努力。在觀念上要想到這是種種因緣配合之下所產生的結果，自己僅是其中的因素之一，並不是唯一的因素，所以無法掌控，心中情緒自然會安定。在方法上則要做些自我約束與寧心安心的工夫，若能隨時隨地安心安身，便是真正戰勝了自己。

用佛智慧

如來智如是，眾生悉具有；
顛倒妄想覆，眾生不知見。
——六十華嚴經卷三十五．寶王如來性起品第三十二之三

此偈是說，人人都具備跟佛相同的智慧，可惜一般人的心智被癡迷的顛倒妄想所蒙蔽，所以不知道有這樣的能力。

很多人以為自己非常優秀，頭腦快、見識廣、懂得多、學得勤，就覺得很有智慧。另有不少人以為自己非常愚笨，頭腦鈍、手腳慢、理解力低、記憶力弱，就覺得沒有智慧。其實，如果依據此偈做判斷，這兩種人都還不曾知道佛的智慧是什麼？

三年前有一對夫婦遇到婚姻危機，先後都來請我指示。兩人都是出身於農村，結婚已二十多年，當時都只二十來歲，男的初中畢業，女的小學程度，後來男的由工讀而出國留學，回國後陞到了一

家中小企業公司的總經理。太太老是懷疑丈夫在外面有了姨太太，男的便來告訴我，本來他沒有想到要娶姨太太，反正太太天天都在冤枉他，他就真的交了女朋友。太太知道實情之後，也來告訴我說，既然丈夫無情，她也要另外去找男朋友了，反正她的丈夫嫌她愚笨，遲早大不了離婚算了。

這對夫婦，受的教育程度有差距，知識水準不相同。卻有一點是相同的，那就是兩人都沒有如來所說的智慧。妻子冤枉丈夫已是錯的，丈夫豈可將錯就錯？丈夫有外遇已是錯的，妻子豈可也去找外遇？兩者都已四十多歲，還不珍惜患難夫妻，竟來互鬥意氣，把幸福婚姻的營造，當作兒童的遊戲，是多麼地愚癡！幸虧兩人都來見我，被我各罵一頓，避免了家庭的破碎。

這個例子，正好說明此偈所謂被「顛倒妄想覆」蓋了心竅，不見了智慧，任由情緒奔放，惹得煩惱不已、痛苦不堪。

請不要誤認為佛的智慧，要等到成佛之後才有份，那是一些學問家們的高論。事實上，佛在人間，就是要幫助一般的凡夫俗子，告訴你本身就有佛的智慧，不一定要等到成佛，只要能於生活中，少鬧一些無意義、無道理的情緒，少為自己製造煩惱，常以心平氣和的態度，諒解人、包容人、幫助人，你就是一個能夠生活在如來智慧中的人了。

不要指望，等你成了佛，才有佛的智慧，你應當馬上開始運用佛的智慧。否則，你是永遠沒有機會體驗到智慧，你也永遠不會成佛了。

提起放下

孔雀雖有色嚴身，不如鴻鴈能遠飛；
白衣雖有富貴力，不如出家功德勝。
——大智度論卷三．初品中四眾義釋論第七

此偈的表面是說，孔雀雖有華麗的外表，但是不如鴻雁能夠遠飛；在家人雖然富貴而有勢力，但不如出家人的功德殊勝。好像是說，從外表上看，在家人比出家人高貴，其實卻恰巧相反。

這是出家與在家兩種生活型態的比較。很多在家人一生中所追求的不外名利權位勢，即使不一定受人尊敬，但卻要受人矚目，才算成功。可是很少人在成功之後，不被牽累，直到晚年，仍在名利場中打滾而不能脫身。這好比披著華麗羽毛的孔雀，是眾目的焦點，受人讚美欣賞；但孔雀尾巴太長，身體太重，飛不高也飛不遠。鴻雁是一種候鳥，長得並不漂亮，但在夏季來時向北國去避暑，冬天到了往南國去避寒，翱翔於滄溟，一飛就數千里，如此海闊天空的大胸襟，絕不是孔雀所能比擬的。

這不是說，在家人有了財勢富貴，便不能遠走高飛，而是因為有家有室、兒孫成群，加上田產房產，要想說走就走可就不容易了。縱然年老退休乃至臨終之時，還對眷屬產業牽腸掛肚地放心不下。由於不自在，所以患得患失。富貴者更求富貴，有權者希望權加一級，有勢者力求鞏固並擴張。自古以來，許多尊貴權勢人物，往往至死不願讓出權位，要待子女逼下台，要等後起者趕下台。提得起放不下，是非常痛苦的事。

出家人的功德在於隨遇而安、隨緣奉獻。沒有一定要做的事，沒有一定要去的地方，沒有一定要在世間揚名立萬或完成大事業。如果事實需要，也沒有一定不願見的人和不想做的事。有一位海外回來的學者見我們法鼓山的計畫不小，遠景龐大，對我說：「聖嚴法師，你的野心不小。」我說：「阿彌陀佛，我哪敢有野心？隨緣而已！如果因緣許可我就做，而且不逃避、不後人；因緣不許可的話，我是不會强求的。野心是想要追求、想要征服、一定要達成什麼；我沒有野心，佛法要我做的、衆生要我做的，在不違背智慧和慈悲的原則下，只要我能做，一定盡力而為。」出家人沒有私人的事業和財物，一鉢千家飯，孤僧萬里遊，在任何地方落腳乃至一晚，就把那個地方當作自己的家來照顧；遇到任何一個人乃至一面之緣，也把他當作自己的家人那樣來看待。情深禮隆而不存占有之心，所以能隨緣結緣而又能隨時放下。

此偈雖然是以在家和出家的兩種身分做對比，其實，有大智慧的人，不論在家出家，都能提得起放得下，所謂置名利權勢於度外，乃至也置生死於度外。如果是非常愚癡的人，不論在家出家，他們的心中也都被名利權勢占滿。不過出家人的生活方式，若非已經擁有寺院及徒衆的大和尚，要想占有名利權勢，相當不易。所以，若非道德修養已有相當火候，擔任叢林道場的方丈，是要特別留心的。有道的出家人，處處努力建寺，隨時可以離開。

知識智慧

有慧無多聞，是不知實相；
譬如大闇中，有目無所見。
多聞無智慧，亦不知實相；
譬如大明中，有燈而無目。
——大智度論卷五．初品中菩薩功德釋論第十

智慧是心地無染，多聞是博聞强記。如果心地光明而不具備足夠的知識學問，便不能用適當的語文工具來向人表達自己內心之所體驗；如果僅有淵博的學問，而無明淨的智慧，便等於睜著兩眼的盲人，所說所見，都像盲人摸象。

一般人所認為的智慧大概是指聰明或博學。這種人見多識廣，反應敏捷，分析和觀察深刻而獨到。其實，從佛法的觀點來說，聰明人不等於有智慧，學問家也不等於智者。離開了自我中心的分

別、執著，才是離煩惱而得解脫的有智慧者，那是親自體驗到了真我無我、實相無相的究竟空相。

在這個偈子中，多聞的意思是懂得很多佛法，不一定用耳朵聽聞，也可用眼睛閱讀，和用心分析研究經典。釋迦牟尼佛的弟子中，阿難尊者是多聞第一，他把佛在各個時段所講的佛法都記得清清楚楚，被形容為「如瓶瀉水」，從佛的口中，進入阿難耳中，一字不少、一義不漏地全部承受。但他直到釋迦牟尼佛涅槃時，尚未悟入智慧、尚未成阿羅漢。可見多聞和智慧並無絕對的關係。只有多聞而無智慧，雖然身在光明之中，但好比沒有眼睛，看不到光明，無從知道光明是什麼？反過來說，有智慧而無知識、學問，只能說自己沒有煩惱，但無法用智慧來幫助衆生，這好比在黑暗之中，有眼睛卻看不到東西，不知道佛法是怎麼說的？不會說開悟的境界是怎麼發生的？所以佛陀時代有些已證阿羅漢果而沒有學問辯才的弟子，遇到請他們說法開示的場合，只好表現幾下神通來感化人。可見有智慧而無多聞，多聞而無智慧都不夠好。

如法實踐

如法應修行，非法不應受；
今世及後世，行法者安穩。
——大智度論卷十六．釋初品中毘梨耶波羅蜜義第二十七

此偈是說，若合於正法的道理，應該照著去做，違背正法的觀念，便不該接受；不論今生或來生，如法修行的人，都會獲得安穩的心境。這四句話中，有四個名詞是重點：如法、非法、行法、安穩。

一般人講「如法炮製」，是依照正確方法炮製藥材，才能使人藥到病除。此偈是說照著佛所說的道理和方法去做，便是「如法」。「法」是指釋迦牟尼佛所講解除苦難的原則，便是從因果的事實而說有，從因緣的現象說空。佛所說的每一部經，都是為了適應不同時地及聽眾的情況而方便說法；從不同的角度談同一個問

題，或對同一個問題向不同的角度去發揮。因此，原則只有一個，修行法門則有無量。合乎此原則的道理，不論出於何人所說，都是如法；若不合原則，縱然大家說是佛法，也要視為非法。

佛法的原則是因果法及因緣法，佛法的實踐是以戒、定、慧的三學為基準。「戒」是應該做的必須做，不該做的不得做；自利利他的事應該做，讓自己產生困擾、讓他人受到傷害的事不該做。「定」是心不受環境的刺激誘惑而動搖，不受內外的困擾所影響，隨時隨處，能使自己的心，處於安樂、安適、安穩的狀態，不僅自安，也能安人，使得生活在同一個環境中的人，都能得到同樣的安定。「慧」是既能提得起也能放得下，提得起責任，放得下權利，提得起是幫助他人，放得下是心無牽掛。放下以後，心中清清朗朗，提起之時，心中毫不拖累。此叫作如法。

「非法」，是身、口、意三種行為，不合因果及因緣的觀點，違背戒、定、慧三學的基礎。

如果照戒、定、慧的原則努力修行，便可避免、預防產生非法的行為，則今世後世都會得到利益。現生如法修行的人，身心會平安，即使環境不如意，有種種打擊阻礙，但內心不會受影響而產生怨天尤人的煩惱。何況存善心、說好話、做善事的人，多半會受大多數人的歡迎、愛戴和信任。假如今生並未得到外在環境的回饋，也沒有關係，還有無窮的來世、無限的前程。

「安穩」是安樂穩定，不受干擾，不愁得失，超越於善惡有無的解脫自在。

劍及履及

聞諸妙道法，不能以益身；
如是之過失，皆由懈怠心。
——大智度論卷十五・釋初品中毘梨耶波羅蜜義第二十六

此偈是說，如果你在聽了很多微妙的道理，卻對自己的身心沒有多少幫助，問題就在於沒有身體力行地照著去努力。

世間的許多知識分子，讀了大量的圖書，寫了不少的文章，僅在販賣學問，餬口維生，光在坐而言，不能起而行，對人也許有用，於己等於無益。有些學佛的人，讀了許多經論及祖師的語錄，卻不能開悟，也無法減少煩惱。懈怠不精進，能說不能行，是其關鍵所在。

此處所謂的「妙道法」是佛所說的離苦法、解脫法、成佛法，即是成熟眾生的大乘菩薩法。有人聽了佛法之後，如飢得食，如渴

得飲，奮不顧身，全心投入，深怕時機難再。孔子說：「朝聞道，夕死可矣！」這很不簡單！聽到了宇宙人生的大道理，心境立即豁達，覺得死而無憾。可是對佛教來說，僅僅聞道又能悟道，雖也可以死而無憾，如能不死而將經驗分享其他尚未聞道悟道的廣大眾生，那就更好。做為一個菩薩，聽了佛法之後，如果尚未悟道，當然要自己修行自己用，同時也要介紹給別人。這是「自身未度先度人，是為菩薩初發心」。

「聞諸妙道法，不能以益身」，是說聽到佛法卻不能拿來利益自己，即如禪宗語錄所比喻的，走在江水邊結果渴死，坐在飯鍋邊結果餓死，這都是懈怠心在作祟。連舉手之勞都不肯，難怪渴死餓死。佛法稱這些人為睜眼的瞎子、有耳的聾子、有嘴的啞巴，佛法對他們水潑不入心，聽是聽到了，但跟他們的生命不相應。

凡事因循，得過且過，雖然手中握有無價寶庫的鑰匙，懶得打開寶藏之門，懶得運用庫藏的財寶，那就等於沒有財富的乞丐。

知識學問，貴在學以致用，不用便無用，無用便無益。凡事劍及履及，精勤不懈，必能利人，也能利己。

禪的力量

禪為金剛鎧，能遮煩惱箭；
雖未得無餘，涅槃分已得。
——大智度論卷十七．釋初品中禪波羅蜜第二十八

此偈是說，禪定是最堅固的鎧甲，可以抵擋煩惱的利箭，縱然尚未達到無餘涅槃，但已在走向涅槃之路了。

禪有兩種意思：第一種是四禪八定；第二種是禪定和智慧不二，也就是《六祖壇經》的「即慧之時定在慧，即定之時慧在定」，是中國禪宗所講的禪。印度的禪有兩個層次：一個是與外道相通的層次，即瑜伽派，修四禪八定，淺的時候心止於靜，心無雜念；深定時，自己就是存在於無限的時空，這是世間禪，因為自我的價值執著還在。另一個層次是釋迦牟尼佛的禪，在四禪八定之上，另加第九定，名為滅受想定，便是超越於時空的執著，名為解

脫定，又叫羅漢定，這已是由定發慧的禪了，如果有定無慧即不解脫，定中無煩惱，出定之後尚不能無惑。第九定後，一了百了，煩惱盡、生死斷，雖在世間，已超越世間的束縛。

此偈講的禪是即慧即定的大乘的禪，這種禪可以用打坐進入定境，但有了工夫之後，不一定是在打坐的情況下得智慧。出定之後只要心不受外在干擾、誘惑，也是在定中。所以禪宗說，坐也禪立也禪，吃飯、喝水都是禪，日常生活即是禪。

「鎧」本是古代武士在戰場兩陣打仗時用來護身禦箭的戰袍，此處以「金剛鎧」比喻禪的力量，就如金剛做成的鎧甲，可以保護心的清淨和穩定，不會受到心內和身外射來的煩惱箭所傷害。有些煩惱箭看起來是來自身外，其實箭和弦都是出於內心。倘若心定如金剛，身外縱有千軍萬馬的煩惱之箭，也是奈何不了你。如果心有禪的力量，雖尚未得無餘涅槃，仍有一些微細煩惱，但已不起作用；雖仍未得究竟解脫，但已得到若干部分的涅槃功德，嘗到了一些煩惱不起的味道。

一般人或剛學佛的人不易到這個程度，但在生活之中多保持一份寧靜的心，多保持一份向內看的心，就會少一點被外境困擾的可能。我常告訴人，如果煩惱當前、逆境當道，要向內看自己的念頭，不要看對方的情況；或者注意呼吸出入的感覺，不要注意使你煩惱的現象，否則煩惱不易平伏。這實際上就是禪的力量，也是一種定的方法，可使煩惱減輕。

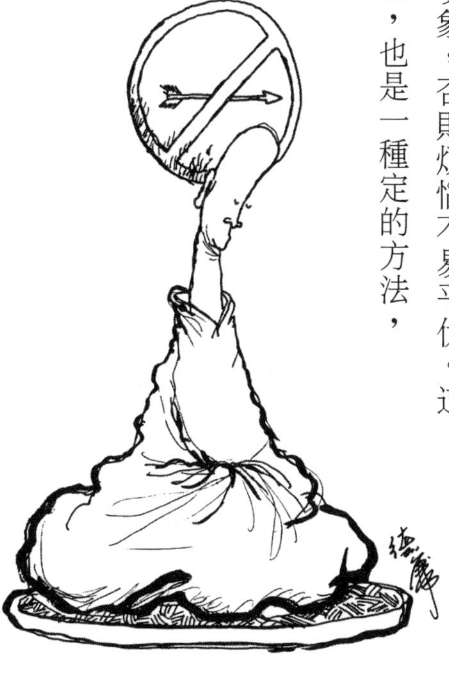

禪能離欲

欲樂著無厭，以何能滅除？
若得不淨觀，此心自然無。
——大智度論卷十七．釋初品中禪波羅蜜第二十八

此偈是說，淫欲之樂往往使人沉迷，無法自拔，如果能使用不淨觀的方法修行，貪著於淫樂的心，自然會如釜底抽薪，無薪火自滅。五欲之中以男女的性欲最強。男女的性欲之樂是非常令人著迷的，只要是正常的男人或女人，都會有興趣。即使是出家人，在未離欲之前，多多少少也有這種傾向，因為有戒律保護，所以不會去做。

佛經中說，人間的五欲以淫欲最樂，仍不如天上的欲樂，則因沒有肉體負擔，故也沒有疲累厭惡感。經中又把五欲之樂和禪定之樂相比，禪定之樂遠勝於五欲之樂。禪定是從身心得到鬆弛、解放，身輕而心安；欲樂只是一時間的刺激、陶醉，而不是神經肌肉的放

鬆，沒有輕安之樂，二者相差十萬八千里。所以，有禪定經驗的人對性欲就不會那麼地迷戀了。而修禪定的方法中，不淨觀是專門對治淫欲重的。性欲强烈，一方面表示身體健康，另一方面也顯出氣質粗濁；也有些人，由於體質虛弱，火氣上升，性欲的反應亦强，這是要命的現象。人非禽獸，切勿讓性欲奔放，造成嚴重的後果。

不淨觀是觀自身的不淨和觀他身的不淨。

性的衝動或反應很强烈時，觀察身體，每一個毛孔都不斷在分泌，只要一段時間不清洗，臭不可聞。用這個觀點看自身不淨，欲念會下降；再觀他身不淨，欲念即平息。有人看到特定形象的男人或女人時，會特別有興趣，這時就宜想像：掀開這個人的頭髮之下是頭皮，頭皮之下是血肉筋骨。如果喜歡他的眼睛，眼睛內部是神經、是脂肪，沒有任何可愛的東西。再進一步觀想：害病時如何？我見過一位本來很妖嬈美豔女士，當她生病時便非常憔悴，口有胃臭，身有體臭，一點也不美了。再往下想，當美女死了之後又如何？死了幾天將如何？死了幾個月又如何？只剩一堆骨頭，最後連骨頭也沒有了。修不淨觀觀到這種程度時，就不會再有欲念產生；觀到最後，身心沒有了，心外的境界也沒有了，便入了禪定，其最高境界是離欲，證阿羅漢果。

不過，不淨觀不容易學，須由有經驗的老師教。如果沒有這樣的老師，欲念產生時，不妨觀自己和他人的不淨，也有用處，至少不會放不下、離不開、不斷想追求。

攝心入定

攝心入禪時，以覺觀為惱；
是故除覺觀，得入一識處。
——大智度論卷十七．釋初品中禪波羅蜜第二十八

本偈是說，進入禪定所遇的障礙，是覺和觀，若不離開覺觀，就不能進入深定。

「覺觀」是心理活動現象，又被譯為尋伺。粗思緒為覺，細思緒為觀；尋求事理的粗性作用，及伺案事理的細性作用，合稱為尋伺。這是思考性、探索性的心念，與專注性、集中性，乃至統一性的禪修心態是相違背的。進入禪定時，如果還有覺觀，就打攪了定境的完整和寧靜；若能把覺和觀的心象徹底擺下，就能進入深定。覺觀對於分辨好壞善惡而言，是善的心理現象，對於禪定的修行者來說，卻是不善的心象。因此《大智度論》說：覺觀雖善，而是三

昧（禪定）賊。

攝心是把散亂的心和攀緣的心集中起來。散亂的心，是天南地北、胡思亂想。攀緣的心，是對外在的環境，不論眼所見、耳所聞、鼻所嗅、嘴所嘗，只要是喜愛的就追求、貪取，不順意的就討厭、排斥。若要集中這個散心，需要使用攝心入定的方法。有的直觀實相無相、念頭無物可緣、念頭無立足處，便是三昧定境。有的用數息觀，把雜念妄想用數呼吸的方法排開，唯一的念頭就是數呼吸，等時間長了、工夫深了，就能進入禪定。禪定有深淺之別，入深定之後即進入「一識處」，只有一個自我識存在，其他一切分別識都不起作用了，這個自我不是對外攀緣的意識，也不是對內尋伺的意識，而是還有自我中心的存在，存在於禪定之中，可見若不除我執，禪定再深也未必解脫。

另在禪修的現象和方法上，也用覺觀二字，不過不是此偈所用的尋伺心。

覺是禪修者的覺受，凡打坐時會產生種種覺受，如冷、暖、呼吸順暢或不順、身體清涼輕安等。由身體的現象產生心理的反應；如果執著這些反應就不能入定，必須放下才能入定。

觀是觀想的方法，如因緣觀、數息觀、慈悲觀、不淨觀、界分別觀等，合稱五停心觀，我們必須經過這些修觀的方法才能入定。如果在入定之後尚有觀的方法可用，則表示未入深定。正如坐船過河，若不肯離船，即使到了彼岸也是不能登岸，所以執著覺受及觀法，也是禪定的障礙。

更進一步，倘若入了深定而耽著定樂的享受，也不得解脫，必須先將覺觀放下，才得入定，然後必須將定境也得放下，方為無私無我的自在解脫。

事實如此

般若波羅蜜，實法不顛倒；
念想觀已除，言語法亦滅。
——大智度論卷十八．釋初品中般若波羅蜜第二十九

此偈是說，得到般若的智慧之後，所見到的才是不虛妄、不顛倒的真實法，那已不是思想語言所能形容的境界，通常稱為不可思議。

梵文的般若是「智慧」，波羅蜜是波羅蜜多的簡稱，是「超越」。但般若無法僅用「智慧」兩字來表達，因為一般人認為哲學家、文學家、藝術家、政治家等，凡有創發性的人，都有智慧。但這跟般若不一樣。般若的智慧，也有一般人的智慧的功能與作用，但無一般人的自我中心的執著。這才能從煩惱的苦海超越而成為大解脫大自在的智者，叫作「波羅蜜多」。因此，開發了般若波羅蜜多的人，便不會再有顛倒意見了，因為他已體驗到了真實的佛法。

什麼叫「顛倒」？共有四種：以無常為常，以苦為樂，以無我為我，以不淨為淨。這是人間凡夫對於身心和環境所持的正常心態，但從佛法的立場看來，卻叫作顛倒。因為世法無常，所以身心世界皆非真我；因為一切現象無法永久保持或保證不變，所以有生、老、病、死等諸苦；因為有煩惱的心念，所以不清淨，有血肉的身體，所以是臭皮囊。

然而開發了般若波羅蜜多的人，便已超越了煩惱的分別執著，也可以説般若波羅蜜多就是真實的佛法。而真實的佛法，必須是得到般若波羅蜜多的人，才能體會到的。這樣的真實，已非言語、思想所能説明思考的領域。所謂「言語道斷，心行處滅」，禪宗所説的

「不立文字，直指人心」，也就是指的「般若」的事實。

通常，幾乎人人都曾有過「盡在不言中」的體驗。有人形容大智若愚，其實不是裝成憨厚笨拙，根本覺得用任何方式辯論、解釋說明，都是不必要的，因為事實就是如此。多說不如不說，否則離開事實真相就會愈來愈遠。

無私無我

般若之威德，能動二種人；
無智者恐怖，有智者歡喜。
——大智度論卷十八．釋初品中般若波羅蜜第二十九

此偈是說，般若能使兩種人震撼：一是使得沒有智慧的人恐怖，另一是使得已有智慧的人歡喜。

梵文般若的意思是無私無我的智慧。在沒有智慧之前，不知般若是什麼；有了智慧之後，沒有自我、沒有執著，因為警悟到，外在的環境和內在的身心，都不是永恆的自我。不過在般若的智慧尚未從心中顯現之時，縱然在認知上能夠接受無私的觀念，卻無從體會到無我的狀態。甚至一聽到般若是空，空即是無我、無人、無眾生、無壽命，就會恐懼驚怖。因為既然無我，自己的身心究竟又是誰呢？可是對於已經有智慧者，認為達到這種境界實在太好了，能

夠無牽無掛自由自在，所以盼望協助那些無智的眾生，在尚未斷除煩惱之前應當斷除煩惱，未得大智慧之前應當開發智慧。因此要用種種觀念、種種方法，幫助眾生開啓智慧，並且鼓勵大家，總有一天大徹大悟，顯現出大智者的功能。

然而，一般人害怕失去自我，是可以理解的，因為害怕在體驗到無我之後，就會像一個好端端的人，突然失去了記憶、不認識自己，當然也不認識親人，沒有了自我，當然也會失去本來屬於自我的一切，那該是多麼悲慘可怕的事了！他們以為，如果沒有了自我，比起失魂落魄的幽靈更加寂寞。我的弟子中還有不少是這樣的人，甚至隨我打了幾次禪七的人還有這種心態。一講到無我，他們就說：「不能沒有自我，一旦沒有自我之時不知會發生什麼事。現在這個我已很習慣了，我有我的身體、環境、家庭、財產、事業等等，偶爾雖有困擾，但還不覺得有多少不好。如果沒有了自我，實在不堪想像，可能我會發瘋，也可能變成一個植物人那樣的行屍走肉了。」

事實上，無我的經驗，是以無私的般若智慧，超越了主觀客觀，超越了時間空間，超越了相對絕對的自我中心，除了沒有自私的立場，所有的一切都還照常。如果你是在家人，由於禪修而開了悟，那就是獲得了般若波羅蜜多的無我智慧，因為沒有出家，所以太太、先生、孩子、事業等原有的一切，還得由你去照顧。所不同的是：開悟之前，是你的私有，所以被你在心理上占有；開悟之後，是屬於各人所有，你已沒有自我的私心，在心理上是盡慈悲關愛奉獻的責任。這種心境是很難說明的，唯有「如人飲水，冷暖自知」。當你歡喜地獲得般若的智慧之時，自然就知道了。

一般人也可以練習著用智者的觀點來放下自我，特別是在被煩惱所苦的時候，學習著暫時放下自我，也會有益於身心的健康。

不用議論

若人得般若，議論心皆滅；
譬如日出時，朝露一時失。
——大智度論卷十八・釋初品中般若波羅蜜第二十九

此偈是說，如果一個人得到了般若智慧，從我見、我執所生出的議論心就沒有了；好比早晨太陽一出來，露水都不見了。

般若本身不是用語言講的，即使說是得到了文字般若、語言三昧，還是以語言來表達，用文字做工具。但以文字語言做工具，是為了利益眾生，因材施教，不是為了自己要申述什麼真理。所以，得到般若的人，心中朗朗乾坤，對任何現象皆不需揣摩，當下就明白。若是哲學家及科學家，則需靠理論表達，分析實驗。徹悟以後的聖者，對於宇宙人生，都是如實觀、如實知、如實說。是直觀而不是直覺，無相無不相，是如實相；無念之念，即是般若。既然如此，已不需要議論、辯論、爭論，因為一切都已清清楚楚，還要議論什麼？但是未得般若智慧的人，仍需要思辯的邏輯，才不致陷於盲從、迷信、迷惑。

凡是辯論的、討論的、爭論的、計較的、衡量的、分析的、綜合的，都叫議論心。這些都會因無我智慧的出現而消失，好比太陽一出來，朝露就被蒸發了。佛見人就說法，但不要認為他喜歡議論。佛的大弟子中有議論第一者，他是為了使大家對佛所說的法，理解得更透徹，是為了

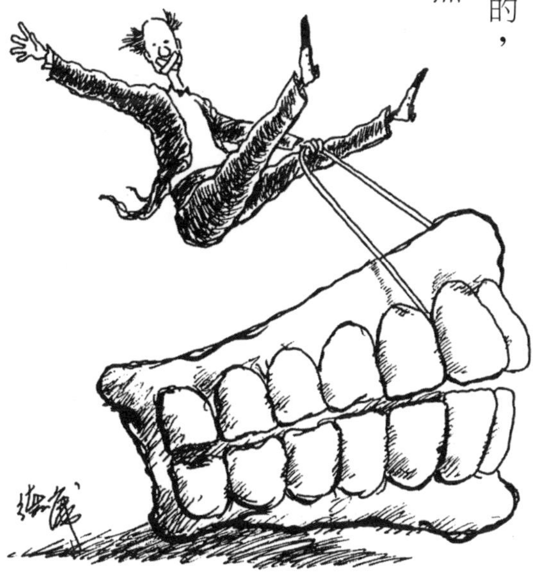

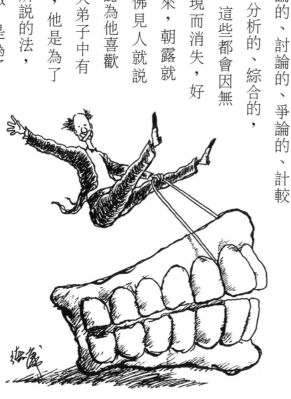

幫助別人而不是表現自我。因此直到今天，西藏的喇嘛對議論依然很重視，用議論達成消滅議論的目的，使講的人不會似是而非，聽話的人也容易進入主題。所以，已得般若的人，本身不需議論，若是為了他人，則仍然需要議論。

智慧無痕

若不見般若，是則為被縛；
若人見般若，是亦名被縛。
若人見般若，是則得解脫；
若不見般若，是亦得解脫。

——大智度論卷十八‧釋初品中般若波羅蜜第二十九

此兩偈是說，不論你以為已見到般若或者沒有見到般若，都是未得解脫，相反地也都是已得解脫。

這兩個偈子，乍看之下是彼此矛盾的。第一個偈子說，不論見不見到般若，都被煩惱束縛。因為未見般若的人，不知道有般若，也沒想要見到般若，因此是在煩惱之中。另一種人已知有般若，並且在追求般若，這本身就是執著；或者他自認已得到般若，是一個有智慧的人，這也是個笑話，因為般若是無我的，怎麼會把有了智慧當成我了呢？所以自認得到般若，也是束縛。

第二個偈子說，見到般若是得到解脫；相反地，不見般若也是得解脫。這是對智者或悟後的人說的。悟後的人即使告訴別人他見到般若，自己心中並不會執著般若。比如釋迦牟尼佛成佛之後，已放下了自我中心，但他為了幫助他人，依舊處處說到「我是佛」、「我是大覺者」、「我是世尊」、「我是法王」、「我度衆生」。這究竟是執著，還是解脫呢？這是為了讓衆生起信心，所以告訴人他是佛，他已得解脫，藉此讓衆生知道，他是值得依靠的人，是能讓衆生得解脫的人，要跟他學習。這些「我」字，是為衆生而說的假名，不是為了凸顯佛的自我而說。

「若不見般若，是亦得解脫」，對於大徹大悟之後的人來說，般若也是因為衆生需要而立的假名，在他們悟者的心中並沒有任何痕跡叫作般若，這才是真正得解脫。倘若某人自己認為有智慧，自己認為已解脫，自己認為於衆人之中高人一等，這是固守著自我慣值、自我成就的心象，乃是傲慢自大，不是解脱自在。

我常對修行已有一點心得的人說：不要執著悟境，不要等待開悟。如果真的開悟了，不要大驚小怪，逢人就顯示自己已經開悟。真正開悟的人，心中了無痕跡，如果有開悟的感覺和開悟的傲氣，那是證明你不是真悟，未得解脱。

世間有些人自稱他們是解脱者、大師、大禪師，或者自謂最高最究竟的自在者，很難講他們是否名副其實。如果是方便法，讓人起信，那沒有問題；如果驕慢自大，自認為解脱者，那絕不是解脱。該如何判斷呢？但看他們在平常生活中是否有傲慢心？是不是和光同塵地平易近人？如果是在從事神化自我及個人崇拜的活動者，就可能是驕慢，而不是般若了。

原來如此

諸法之實相，則是眾生相；
若取眾生相，則遠離實道。
——大智度論卷二十・釋初品中四無量義第三十三

眾生相就是諸法的實相，二者沒有差別。但是此偈又說，如果執著眾生相，那就離開了真實的佛道。

這是般若的辯論法，也是《大智度論》的句法。首先說這個就是那個，然後說若取那個當成這個，就已離了這個。以此偈為例，不要執著莫須有的名相叫實相，但離開名相又如何知道實相呢？

實相是實際的、根本的形象、現象，原來就是這個樣。但真有實相這個東西嗎？從語言上、思想上講是有的。若從實相的本身來說，實相是無相，無相不離一切有的現象，並沒有一個固定的東西叫實相，可知世界一切現象都沒有離開實相。

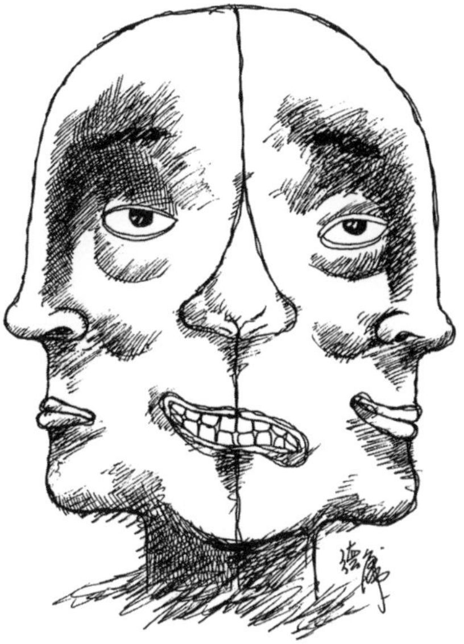

佛學所講的空，永遠不會被破壞，是最可靠的。什麼叫空？只有空中才能出現種種有的現象，但這些現象不斷遷流變化，因此，一切的有，也從未離開空的真實相。佛說不要以空洞的名詞或形而上的哲學理念，來錯認實相這個東西。

眾生相就是實相。眾生相是以人為主，但除了人之外，還有其他類別的眾生，眾生開悟，即見自性是空，自相也空，所以本來是空的實相就是眾生相。但你如果以煩惱的眾生相便以為等於已經體驗到了實相，那又是顛倒的看法了。眾生相只是實相的一部分。實相不離世間的任何現象，但不能把世間的任何現象當作全體的實相，因為它是一直在變化的幻相，豈是實相？

沒有異端

般若是一法，佛說種種名；
隨諸眾生力，為之立異字。
——大智度論卷十八．釋初品中般若波羅蜜第二十九

此偈是說，般若智慧雖沒有二相，佛卻隨著對象及時地之不同，而以各種名稱來稱呼它，用不同的方式來介紹它。

「般若是一法」，更深一層來看，般若之中不僅沒有異端，也可以說，般若並無一法。但對一般人不能這麼講，否則佛就無話可說了。佛為了度眾生，還是要用種種名詞、語言、方式、技巧等，來讓不同的人接受到同一個來源的訊息，並為大家指出相同的方向，勉勵他們去努力。也就是說，發源於般若智慧，歸向於般若智慧。到底有沒有般若這樣東西呢？未悟的人不知有，已悟的人不居有。

不過，此偈中的般若，是指佛的大覺智慧，人人心中皆有佛性，不論悟或未悟，人人心中也都有與佛相同的般若，只是未悟之時只見煩惱不見般若，悟了之後離去煩惱即是般若。悟後的人，用般若智慧來自利利人；未悟的人，如金在礦，不能自利也無法利人。般若的智慧，如燈照暗不照明。凡夫迷時不知有般若，無從用般若；智者悟後用時則有，不用則無，是隨眾生而有，眾生無邊，所以從般若產生的佛法也是無邊。

釋迦牟尼佛在世時，說了四十九年的法，遇到不同層次、不同需求的眾生，見人說人話，見鬼說鬼話，但人和鬼所聽到的都是指向相同的目標，那便是開發眾生心中的般若智慧。用智慧的劍斬煩惱的賊。

《維摩經》說：「佛以一音演說法，眾生隨類各得解。」佛以一音一名一語，演說同一法，而眾生所理解的各自不同。《大智度論》這個偈子則說，佛只說一種般若法，但給它種種名，不同的人聽到之後的結果，卻是相同的般若。可見佛法是從般若出發，最後又是回歸般若。正像水從海面升空為雲、為霧、為雹、為雪，化而為雨、為露，降而為霜、為冰，最後都成為水，入湖川、進江河，而回歸於海；水性未變而作用萬千。般若也是這樣，只有一味，為了因應種種人而有種種作用、種種名稱。

世間也有許多的智者，能夠活學活用，不拘一格、不限一局。遇高則高，遇低則低；當簡則簡，須繁即繁；見深則深，見淺即淺；不論大、小、方、圓，總是恰到好處。不論是兼善天下，或者獨善其身，都能過得稱心如意。

不喜不憂

若了知無我，有如是人者，
聞有法不喜，無法亦不憂。
——大智度論卷二十六．初品中十八不共法釋論第四十一

一個人如果徹底明白了「無我」的道理，聽到說「有」，不會喜形於色，或聽說「無」，也不致憂愁恐慌。

如果已知無我的道理，即知「我」這樣東西，不過是由身、心、環境的三種因緣結合而成，我是暫時的假相，不是真實持久的存在。一旦達到這個境界，聽到有什麼可得，不會歡喜；聽到沒有什麼可得，也不會憂愁。

法的另一種涵義：是佛所說的種種道理及修行的方法。如果已知無我，對於有沒有佛法，都不會有問題。此偈的「法」，是指釋迦牟尼佛所說的法，也是任何一尊佛成佛之後所傳授的修行理論和

修行方法。

臺灣今日雖有不少佛教徒，但仍有很多人聽不到佛法，有的即使聽到佛法也聽不懂，有的聽到了卻加以拒斥，有的到民間神廟去求籤問卜而沒想過去寺院聽聞佛法。佛在世時說人身難得、佛法難聞，是指聞法的因緣不容易。聞法是向誰聞呢？最好是聽大善知識說法較可靠。聞法是聞真實法、聞究竟法、聞正知、正見、正信、正行的法。但對已得無我智慧的人

而言，有法可聞或無法可聞都沒有關係，因為不論鳥鳴、蟲叫、風聲、水聲、紅花、綠樹，乃至一舉一動都是法，也都不是法。若把這些當成佛法，對他們來說，有沒有都一樣；若當成非佛法，對他們而言，執著這些沒什麼意義。但為了衆生需要，還是得説法。

最高智慧

行者捨諸法，亦不依止慧，
亦無所分別，是為決定智。
——大智度論卷四十五·釋大莊嚴品第十五

此偈是說，一個人若能不執著種種現象，也不執著智慧的追求，在他心目中，也不分別諸法的現象和智慧的功用，這種境界就是有了最高智慧的人。

行者是指修行菩薩道的人，是以無我的智慧及平等的慈悲來自利利人。所謂「行者捨諸法」，這個人應該把世間的一切人、一切物、一切事，都不掛在心上。甚至凡是以自我中心所見的種種現象，一切人、一切物、一切事及其互相的關係，都該放下來。這本身雖然就是智慧的功能，但在放下一切之後，連你有智慧這樣的觀念，都該放下來。《大智度論》不斷講智慧、講般若，似乎應該依靠智慧來幫助自己，或擁有智慧做為自己的皈依處，這是錯的。因為菩薩行者不應執取世間現象，也不可依賴執著出世間的般若智慧。

未大徹大悟之前，的確需要依靠種種形相，包括言語文字所介紹的正知、正見、正信、正行的道理和方法來幫助我們，也就是用這些設施做為工具，讓我們來體會自在解脫的智慧，同時又用智慧來幫助我們如法修行。一旦徹悟之後，就不用再依賴智慧了。若把所得的智慧力當成本錢、靠山，就會變成狂傲、驕慢，那就等於沒有智慧。

「亦無所分別」，是說徹悟之後的人不再需要把入世與出世、智慧與煩惱、眾生與佛、有與無、善與惡、多與少、美與醜等看作不同的事象，那才是清淨無染的智慧，也就是最高的智慧。

普通人能如此嗎？很難！但若能理解《大智度論》這個偈子，就能幫助我們減少很多煩惱。當面對取捨之間、權衡之際的兩難情況，不妨用這樣態度來做判斷，一定有些用處。

永不疲倦

不寐夜長，疲惓道長，
愚生死長，莫知正法。
——大智度論卷三十三．釋初品中見一切佛世界義第五十一之一

失眠時覺得長夜漫漫，疲倦時覺得路途遙遠，而愚癡的人生死無盡，是因為不明正法。

這四句話以夜長、路長來比喻愚昧的人，走在生死的道路上也是很長。夢多的時候，失眠的時候，有病痛、有心事的時候，輾轉反側，還見不到天亮。走遠路的時候，愈走愈疲倦，舉步維艱，拖著一具笨重的死屍，似乎永遠走不到盡頭。夜長、路長大家都體驗過，但很少人知道，生與死的道路也很長。

人的生命過程，佛經中形容為生死苦海，或比喻成漫漫長夜，惡夢連床。生死之中雖也有歡笑，但苦難的時候居多。不論有錢沒

錢，不論有勢無勢，一樣有苦有難，卻還不知道苦難是來自各人的內心，這是愚癡。愚癡是指不知道出離生死的範圍，也想不到要改變內心的方向，於是無可奈何地繼續不斷地受苦受難下去。

其實，有很多很好的路可以免於生死的苦難，關鍵在於能不能知道正知、正見、正行的人生方向；有沒有明瞭因果、因緣的人生原理；是不是有了智慧、慈悲的人生修養。知道因果的人一定不會逃避現實；知道因緣的人一定會用努力來促成現實的轉機；有慈悲的人一定會以心平氣和的關懷心包容他人、尊重他人；有智慧的人一定會照顧自己，不會受到環境的影響而隨著魔鬼的音符起舞。這樣的人，便是知道正法，便不致將人生的過程，視為失眠狀態的長夜漫漫，不會對於人生的經歷，當作疲倦的長途跋涉，也不會永遠沉緬於生死的苦海。他應該是不會疲倦，而是樂觀、積極、健康、愉快的人了。

第二篇

真人無垢

七佛通誡

諸惡莫作，諸善奉行；
自淨其意，是諸佛教。

——法句經卷下·述佛品

這個偈子相當通俗。唐朝鳥窠道林禪師說它「三歲兒童雖道得」，可惜八十歲的老翁也做不到。實際上這四句話在很多經典中皆可看到，乃是有名的〈過去七佛通誡偈〉，這是過去的七位佛用來教誡弟子們的話，亦可說這四句話已涵蓋全部佛法的精義。

「諸惡莫作」是消極的持戒；「諸善奉行」是積極的持戒；「自淨其意」是定慧並重、定慧雙修；「是諸佛教」是說一切諸佛都用以上三句話來教導弟子。某些譯本把「諸善奉行」譯成「眾善奉行」，意思是相通的。

有人批評「諸惡莫作，諸善奉行」是天方夜譚；即使是聖賢也不可能一點過失也沒有，而善行無邊無數，怎麼可能做得完？也有人批評「自淨其意」是脫離現實的夢想，因為人心充滿七情六欲、惡念，不善與生俱來，連嬰兒也不能免。所以有人懷疑這三句話有問題，其實這是勸勉我們學著去做，做一點算一點。

「諸惡莫作」，不論什麼惡，都不要做。有人認為大惡不做，小惡無妨，然而大惡是從小惡擴大養成的。此外，若不以小惡為惡，會逐漸失去警覺和反省心，對大惡也就不以為意了。如果知道小惡是什麼，更會知道什麼是大惡。能夠

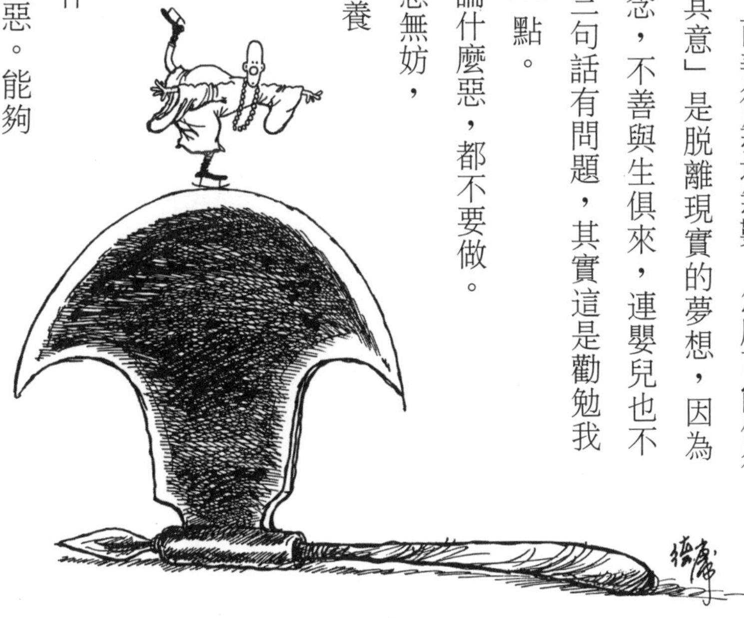

不做盡量不做，能夠少做盡量少做。

「衆善奉行」，道理亦同，善不論大小，凡在手邊、在面前，需要做而能夠做的，即應隨喜、隨分、隨力、隨時去做。但好事也分層次：沒飯吃的人馬上給他飯吃，這是一般的好事；較高的好事是使他經常有飯吃，以後永遠有飯吃；最高的好事，則不但使其物質生活沒有問題，而且提昇其精神生活，有智慧、有慈悲，淨化自己、淨化社會。

「自淨其意」更難，但不是做不到，要隨時隨地覺察自己的心念是在什麼狀態下。如果出現煩惱，要用觀念及方法來幫忙。在信仰的立足點上，當然有佛菩薩來幫我們，在心理轉移的功能上，也有化解煩惱的作用。然在理性的疏導方面，可以使心靈漸漸明淨，貪瞋邪見之火漸漸消滅，便是無私無我的偉大人格顯現。

知不如行

雖多誦經，不解何益；
解一法句，行可得道。

——法句經卷上．述千品

這個偈子提醒我們，誦經不如解義；了解經義，又不如踏實地奉行；實踐經義，哪怕只有一句，就可以得道。

此偈訓勉我們不要貪多誦經功德，而要明瞭經義，才有實益。誦經不在卷數多寡，而在如法實踐。《六祖壇經》中有一位法達和尚，曾誦三千部《法華經》，自認功德很大，來禮六祖，頭不至地，六祖見其高慢，便告訴他：「縱然誦經萬部，解其經意，亦不為勝。」可見誦經而解經義固然重要，但了解經義而照著去體驗，則最為重要。佛經不僅是讓我們誦的，更是讓我們用的。

這個偈子是不是告訴我們不要誦經？不是。經可以多誦，但亦務須了解其義理。即使經典不易全部了解，但多誦之後若有人指點一下，整部經就可能豁然貫通，這僅算是解悟，仍須如法修行，使得理論與生活相契相印，體會更深一層，才是證悟「得道」。

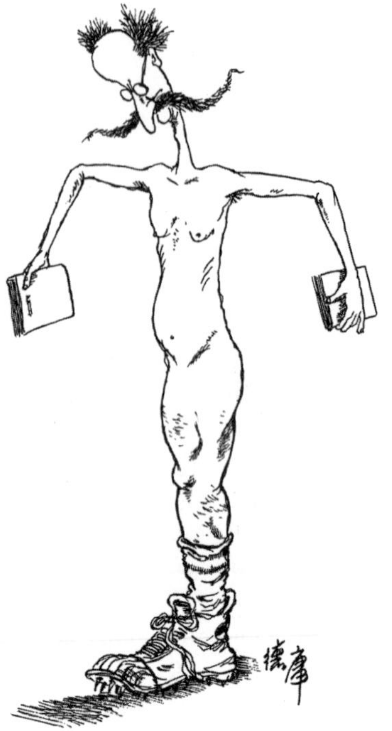

這四句話對一般人也有用處。世間的學問太多，如果什麼書都看，博雜而不精，只能拿來聊天而不能實用。知識學問及技術，貴能專精，再參考其他直接相關及間接相關的學問，便可以把心胸擴大，眼光放遠，才是最好的讀書態度。

有大方向

聲聞若菩薩，聞我所說法，
乃至於一偈，皆成佛無疑。

——法華經卷一．方便品

此偈是說，小乘的聲聞跟大乘的菩薩一樣，聽到佛所說的法，甚至只要聽到一個偈子，都一定可以成佛。

佛法雖分小乘和大乘，目的都是大乘，就像學校有小學、中學、大學，大學生是從小學、中學升上來的一樣。其實問題不在於小乘的聲聞，願不願意成佛，重點是《法華經》所說的，都是成佛的大法，不論聲聞或菩薩，只要有緣有心聽到《法華經》的，就必定可以成佛。就像是一個學生，不論他願不願做醫生，只要他有緣有心接受了醫師的教育訓練，就有做醫師的資格。

「聲聞」的意思是聽到佛說法而開悟解脫的人，佛經中有小乘聲聞，是自了漢、是出世者；他們獨善其身，他們得解脫後，不再受生死煩惱所苦，進入涅槃之後，不願再來世間廣度眾生。

也有大乘聲聞，那就是自在的菩薩，意思是「覺有情」，他們在聽聞佛法之後，就能自覺覺他，自利利人；自己悟道解脫之後，希望其他眾生也能悟道解脫；自己修行成佛的方法，也幫助其他眾生修行成佛的方法；自己脫離煩惱的苦海，也協助其他眾生脫離煩惱的苦海。

聽了《法華經》的一個偈子，就會種下成佛的遠因。菩薩根性的人，本來就已發了成佛的大願。成佛是果，菩薩的自利利人，是成佛的因。至於小乘的聲聞，本來只想早日解脫，無意要成佛，一聽《法華經》，便發成佛的心，就要修菩薩行了。

因為《法華經》除了肯定發了菩薩心的人，菩薩不斷地來往世間，廣度眾生，也肯定小乘根性的人聽了成佛之法，也會轉小乘為大乘。所以《法華經》比喻先得解脫的小乘人就好像在中途站休息一下，這時再告訴他們，大乘的菩薩道，才是悲智雙運的大路，讓他們繼續往前行，菩薩道的終極點，便是圓滿的佛。

我人立身處世，也當如此，不要因為天資不好，基礎不夠，便自我菲薄，而自暴自棄。不可沒有大志願、大方向，寧可先從小處著手、近處著力，堅定大方向，站穩立足點，步步邁向大方向，雖不能立即到達，總是有一個大目標，遙遙在望。

步步成功

> 諸佛滅度後，若人善軟心；
> 如是諸眾生，皆已成佛道。
>
> ——法華經卷一．方便品

從字面看來，諸佛滅度後，具有善軟心的人，皆已成佛道，這是什麼緣故呢？

當佛住世時，親自聽到佛說法的人將來一定可以成佛，這是《法華經》所做的肯定；但是佛的肉身也會死亡，稱為滅度，怎麼辦？所謂「滅度」是佛住世度眾生的時間已圓滿結束，佛的精神、佛的心，便進入了涅槃，進入了不生不滅的不動境界。釋迦牟尼佛在將要進入滅度之前，預先告訴後來的眾生，不要擔憂，不要失望，不要沒信心。佛涅槃之後，他的色身雖已不在世間，只要他的遺教留於世間，即是法身仍在世間；只要用佛法如法修行，等於親自見佛住世。這是安慰並鼓勵佛滅度之後的衆生，還是要依照佛法修行。這是說，人類需要的是聖人的思想學問，聖人是否常住世間，不是最重要的，只要聖人之學尚在世間，等於親炙聖人的教誨，那才是最實際的。

「善軟心」的「善」字，是慈悲，也是智慧的意思，以無我的智慧和平等的慈悲關懷衆生，便是菩薩的善心。「軟」是柔軟柔順，是菩薩以隨順衆生之根性，需大則大，需小則小，恰如其分地給予不同的教化。柔能克剛，衆生多是剛強難化的，有傲慢心、瞋恨心、嫉妒心、懷疑心等等；佛以善軟的智慧和慈悲來適應衆生、調伏衆生，攝受、感化他們。

衆生學佛能使自己的心善，使自己的心軟，這便是成就佛道的方法，將來一定能成佛。「皆已成佛道」不是成佛之路已全部完成的意思，而是多少完成了一部分。走出第一步叫成佛，走完最後一步也叫成佛。成佛不是一步即成或一下即成，而是每一步都是成佛的功德。如果我有這個信心，念念都能成就佛道，隨時隨地皆能成就佛道，只要有與佛的悲智相應的行為，就是做了成就佛道的功德！

這四句話是鼓勵我們要有信心，也可以用於一般人。很多人希望成功，害怕失敗，其實一生中，只有成功沒有失敗的人，根本不曾有過，多數人是失敗的時間多，成功的機會少。但若記取教訓，不斷重新出發，每次的失敗，也就是成功的過程。經驗本身就是成功的條件，人格成長、品格提昇，豈不是成功？不一定要財富增長、名位攀升才是成功。做事做不成，做人也成哪！因此，也可以說，一旦有心於成功，就已跨出了成功之道的第一步，然後是步步成功、時時成功了。

真人無垢

不怒如地，不動如山；
真人無垢，生死世絕。

——法句經卷上·羅漢品

這偈子中的「真人」，能夠「不怒」、「不動」，也無生死之憂，乃跟中國道家所說的真人，不太一樣。道家的真人是修真得道之人，「得天地之道」者謂真人，長生不老、羽化登仙者稱為真人，這是道家理想中的仙人，故關尹、老子、陶弘景、呂純陽等道家人物，均稱為真人。此處佛經中所講的真人是指沒有煩惱，解脫自在，不受困擾，不為人我、是非、得失、利害、成敗、好壞等等所影響而生喜、怒、哀、樂等情緒者；小乘的阿羅漢，大乘的佛，禪宗的大悟之人，能不貪生不畏死、不戀生死、不厭生死者，名為真人。

世人最難處理和最難接受的是生死大事，面對生死存亡，很難不貪生怕死。但對於到達解脫程度的人而言，死亡和生存是同樣的，原因有二：

第一，從信仰而明瞭生與死只是一線之隔，從過去世的死亡，產生現在生的出生，有了現在的生命，必定會帶來最終的死亡。一個階段的生死現象，是無盡時

間中的一個小點，死亡不代表什麼都沒有了，死後尚有另一生死的段落在等待。因此，死亡並不可怕，如果自知生平付出的比接受的多，來生的景況必定勝於今生。

第二，從修行的工夫來看，若能修到威脅利誘不動於心的程度，便能解脫生死。心緒不動不搖，如山如地那般穩定，不受煩惱的感染，即是無垢的真人。

佛的智慧告訴我們：肉體的生命，是由地、水、火、風的四大組成，一旦四大分散，人的身體便會破壞、消失。一切的是非得失，如雲如煙，如幻如化，有什麼好計較的？若能體會生命的真諦，也就能夠不為生死問題而煩心了。

一般人當然不易做到，但也不妨學習如「地」的精神，念頭一轉，怒氣即消；也不妨學習如「山」的精神，念頭一轉，躁心便歇。縱然不能做到「生死世絕」的自在解脫，總也能面對生死、接受死亡的事實了。

轉苦為樂

薄德少福人，眾苦所逼迫，
入邪見稠林，若有若無等。

——法華經卷一．方便品

這是說，薄德少福的人有很多苦惱，他們所持的邪見，多得像是密林，有的執「有」，有的執「無」，這些邪見，都可能導致許多的煩惱和痛苦。

有福有德的人，可在任何情況下，能屈能伸，左右逢源，無比自在。知見不正確的人，有的認為世間是實在的、永恆的；有的認為世間一切都是累贅，死前是暫時的有，死亡之後和未出生之前，什麼也沒有。執著有和執著無的兩種觀念都有問題。

執有的人不顧一切，拚命追求，以致妨礙別人，損害自己，而且他們只願意擁有，而不願意把自己的所有利益他人。擁有財產、

名位、權力，沒有什麼不好，正可以用來造福人群、莊嚴眾生。如果環境不佳、條件太差，那也沒關係，古之賢者，在物質那麼欠缺的環境下，都能存活，尚能設法助人，我們豈會不如古人、不及古人？因此不要以物質享受的多少而感到或苦或樂，否則即使擁有全世界，仍是薄德少福的人。

執空的人玩世不恭，以致不盡義務，不負責任，只知消耗社會共同的資源。他們沒有因果觀念，生活方式看起來滿有個性，但在其內心充滿苦悶和掙扎，缺乏安定感和安全感。所以為眾苦逼迫，而顯出薄德少福的形象。

在平常生活中不妨養成「能有，很好；沒有，也沒關係」的想法，便能轉苦為樂，便會比較自在。

念念成功

若人散亂心，入於塔廟中，
一稱南無佛，皆已成佛道。
——法華經卷一．方便品

這個偈子說，如果有人，心念散亂，到了寺院裡，以恭敬心稱念佛的聖號，便已成就佛道。果真有這麼大的作用嗎？

這是因為只要有一個念頭是跟成佛的條件相應，便是成就了佛道；從第一步踏出開始，一直到成佛為止，步步都是成佛。這個偈子很有名，對中國文化的影響也非常深遠。

《阿彌陀經》告訴我們說：念佛念到一心不亂，臨終之時，佛來接引。這使很多人聽了會氣餒，因為那不是平常人容易做到的工夫，健康時都做不到的，何況於臨死的時候能做到呢？但這不是問題，淨土法門是教我們不要三心兩意，不要臨事慌亂，平時認定方向，堅定信心，保持願心，臨終時，不論在什麼情況下，都可往生西方佛國淨土。此偈也是這麼說的，雖以散亂心進入寺院塔廟，只要信心堅固，願心不移，恭敬念佛，乃至僅僅一句稱佛名號，皆已保證成佛。

我們平常的心，都在散亂之中，只有專心讀書、專心享樂、專心迴避危險時，心念才是集中的。何況，人的心念不可能一集中就永遠集中，否則身心都會疲累，需要放鬆；一放鬆，心念就放鬆了。散亂有妄想心也有煩惱心，在這種情況下還能想到去寺院讚佛禮佛，可見已有信心，也有願心，只要信願具足，無論要做什麼事，都會有願必成，有信則立，敬業則意誠，心誠則事舉。「南無佛」即是恭敬禮佛的意思，既有恭敬禮佛的信心和願心，便是種下了大菩提的種因，將來一定會得大菩提果，也就是成佛；這個大菩提因現在即使尚未發芽、尚未結果，但已有了發芽結果的成佛之因。

任何事的原動力，都是出於人心的取捨及向背，只要有心，雖僅一念，也必有其影響的功能。如能善用自己的心念，則念念趨向成功；若不能善用自己的心念，則念念都會為自己製造出困擾的環境和痛苦的命運。

緣起成佛

諸佛兩足尊，知法常無性，
佛種從緣起，是故說一乘。

——法華經卷一・方便品

因為諸佛的福德與智慧已經具足，知道一切現象皆無不變的自性，故也明白眾生心中的成佛種子，是從因緣而產生，只要因緣具備，每一個眾生都有成佛的可能。所以佛說唯一的佛乘。

這個偈子的重點在「緣起」二字。緣起的意思是沒有一樣東西的完成是憑空而起的，一定有其原因，而且必然是由許多因素的相加相聚而成，稱為因緣和合；由於聚散無常，所以也稱為緣起緣滅。

緣起觀念是佛教的最大特色，不論是人生及宇宙，都是從緣起，從緣滅，沒有絕對的創造者，也沒有權威的支配者；既非一元論，也非二元及多元論，乃是眾緣聚散的因緣論，又稱為緣起論。

此項緣起論認為，不論聖人或凡夫、有形或無形、精神或物質，皆由於眾多因緣的相聚而起，離散而滅，故說「佛種從緣起」，沒有定性不變的眾生，只要促成其成佛的因緣夠了，眾生即能成佛。諸佛最初也是眾生，因發現佛法，廣度眾生而成了佛。

在這邁向成佛之道的過程中，福德與智慧逐漸增長，最後能以平等的慈悲和無我的智慧照顧一切眾生，此時智慧與福德皆已圓滿，稱為「兩足尊」，亦即福足慧足的意思，一切的佛都是這樣成就的。

佛之所以成佛，除了福德圓滿，也是智慧圓滿，以佛的智慧，發現諸法的一切現象，自性即是無常，沒有不變不壞的自性，即名為空；就用發現空性的智慧，離煩惱而度眾生，因為法無自性，也無定法，佛說法都是隨機隨緣而說的方便法。而且，從佛的立場來說，眾生是自度的，不是佛度的，否則應該能於一時之間一網撈盡所有的眾生才對；事實上，由於因緣尚未具備，很多眾生，並未得度，所以眾生是因本身的福德因緣而自度。因緣好，則容易脫離罪惡而修行佛法；因緣差，就在煩惱、罪惡之中，接觸不到佛法。但是，因緣不可思議，今天無緣接受佛法，並不表示明天也無緣接受佛法；只要因緣改變，他們就會改變，所以叫「諸法常無性」。若能接受緣起的觀念，你就永遠不會對任何事物失望。已有的因緣要增長它，未熟的因緣要成熟它，未有的因緣要開創它；好的因緣要使它更好，壞的因緣要使它變好。盡心盡力，能做多少就算多少。

佛法雖有聲聞、緣覺、佛的三乘，但最終目的是唯一的大乘。只要努力，沒有永遠是小乘的人，也沒有永遠做凡夫的人。只要因緣成熟，就能接受大乘，最後得以成佛。

俗語說「將相本無種」，出將入相，乃至歷朝開國之君，往往都是出身寒門草莽，今日的各界菁英，往往也非出於豪門大姓，而是來自升斗小民。請不要迷信「朝中無人莫做官」的論調，今日的權貴朝臣，往往也是昔年的吳下阿蒙。不論主動或被動，只要努力於緣起，人人都有成功的潛能。

差別平等

佛平等說，如一味雨，
隨眾生性，所受不同。

——法華經卷三．藥草喻品

佛陀說法，視一切眾生平等無差別，就像下雨，一味平等遍布大地，但隨著眾生根性有別，所感受到的法益也各不同。

佛陀說法，都是為要我們眾生，發起大菩提心和大悲願心，所以佛陀平等普度一切眾生、平等普結一切善緣、平等普示一切佛法。但是真的平等嗎？站在佛的立場，是平等的；站在眾生的立場而言，聽法的大眾，是有等級差別的，各有各的福德因緣，所得的利益也各不相同。

《法華經》中有個比喻：天降大雨平等普潤大地之時，地面的植物則有大小不同，大的樹木所接受的滋潤面和吸收量都比較大，

小的草木因本身器量小，承受面和吸收量都不及大樹。這也可用太陽來比喻，陽光從不選擇要照射何處，但有雲有霧的地方，見到的陽光就不徹底。

因此，佛雖平等說法，眾生所受利益卻各不相同。佛願度一切眾生，而眾生當中，有人早得度，有人晚得度；有人只學到小乘法，無法學到菩薩的大乘法；有人聽了佛法學到做人的標準法，沒有學到解脫煩惱的離苦法；有人聽到的是生天法，沒有得到入世而不戀世的成佛法。

世上也有雷同的事，例如同一個老師所教出來的學生，有的獲大成就，有的就是不行，這應該不是老師偏心，多半是學生本身的問題。同一對父母所生的孩子們，也有智愚、賢不肖的差別。世上不平等的事實在很多，好像是在於環境、在於制度、在於他人的不公平，其實各人自身的條件不具全，例如先天不足，後天失衡，才是主要的原因。

超越兩邊

我雖說涅槃，是亦非真滅；
諸法從本來，常自寂滅相。
——法華經卷一・方便品

佛陀雖然講說涅槃寂滅之法，但也不等於是什麼都沒有，因為一切現象本來就未離開涅槃的寂滅相。這個偈子，把不動的真實相與一切現象的虛幻相，不即不離、不一不異的本質，一語道破了。

此偈糾正了一般人對大乘佛教所說「寂滅」的錯誤看法，也糾正了小乘佛教對「涅槃」在認知上的偏差。

涅槃並不等於消失、毀滅或什麼也沒有。涅槃是不動、寂靜的意思。什麼不動？一切現象的共同性，即是暫時有而畢竟無的空性，即是一切現象的自性皆無，無即不會變動，不增不減、不垢不淨、不生不滅，若能體驗此自性，便是無我的智慧現前。從煩惱凡夫的角度談論涅槃，理解涅槃，它是無垢淨無生滅的，若有垢淨生滅之分，便不是涅槃，所以涅槃是「真滅」。若從悟後的智者來談論涅槃，是離開垢淨、生滅、增減等一切兩邊的執著，亦即超越於世人所認知的範圍來看世間現象，所以涅槃不是真的消滅。

「諸法從本來」的「法」字，有二義：1.釋迦牟尼佛所說的道理和修行的方法；2.一切物質現象及精神現象。一切符號、一切表現，合起來叫作「諸法」。「從本」的「本」字，是指由無幻有、由幻歸無的空性，即是一切法的自性，原來就是不動不變的，空的本身沒有生滅、增減、垢淨等一切兩邊的問題。生死與涅槃，煩惱與菩提，清淨與不清淨等，都是人為的分別認知。

例如人的善惡標準，是從動作行為對自我中心的立場所表現出來；善與不善是出於每一個自我對行為結果的判斷，與客觀的行為本身無關。例如老虎吃人，對人而言是可惡的行為，對虎而言只是求生的本能，無所謂善惡。又比如用刀，善抑不善？醫生用手術刀是救人，土匪用凶刀是殺人。因此用刀的行為本身沒有善惡，加上各人自我立場的價值判斷才有善或不善的區別。

「寂滅相」即是一切現象的本來相，便是空相，不能說沒有，但毋須執著其或有或無。如果說，釋迦牟尼佛成道之前沒有涅槃，圓寂後才進入涅槃，是錯的。

涅槃的寂滅相既不離現實的一切現象，當然是本來就有，一直都有；不過是在佛陀成道之後才發現世間現象，本來就是涅槃。也可以說，如果當你體悟到絕對的、超越的智慧之時，你的觀察力和判斷力，一切都與涅槃相契相應。不是死亡之後什麼都沒有才叫涅槃，也不是永遠離開世間才叫寂滅。

第一義諦

說諸行處，名世界法；
說不行處，名第一義。
——大智度論卷一．初序品中緣起義釋論第一

這個偈子是說，心中有牽掛，便屬凡夫世界；心中無牽掛，便見超越境界。「世界法」亦稱世間法，世上凡事凡物，都有它們的界限，故名世界；世是時間過程，間是空間位置，故名世間。由此可知，人有生命過程，也有生活的範圍，所以活在「世間」。如果我們的心理體驗只限於現象界，行為價值亦局限於現象界，也是在世間，沒有出世間。

「說諸行處」的「行」字，主要是指我們的心理行為，由於外界環境的刺激而使心理產生貪、瞋、癡、慢、疑、不正見等六種困擾，稱為六種根本煩惱。如果心不受環境影響，也就不致產生這六

種心理活動，便得解脫，這時叫作「心行處滅」，這兒形容為「不行處」，也叫作第一義諦。此時的煩惱分別相，自我中心的執著相，便不起作用了。

第一義諦的不動相，相對於第二義諦的虛妄，一旦洞明第一義諦，一切現象都是那般的完美現成、無理可述、無心可動、無物可障礙自己的心了。第一義之中沒有煩惱分別的執著，卻有無私的智慧和平等的慈悲。慈悲心類似同情心，而不等於同情心，同情心是有特定對象，也有特定的時段，慈悲則是平等視一切眾生，永遠關懷一切眾生，依眾生的差別需求，以無私的智慧做反應，給予適時適切的幫助。第二義又名為世俗諦，是以自我中心出發，來看世間事，先有自我的價值判斷，次有自我所執著的模式，所以是主觀的，亦即《金剛經》所說的「有所住」心，這時所見的世界，就是能夠引起煩惱痛苦的世間法。

要達到第一義，很不容易，一般人能從理論知道有這種境界，也算不錯了，雖然不能真懂，也不能真的做到，但不妨揣摩一下這個偈子。每當心裡混亂困擾之時，告訴自己：不要接受環境的擺布，不要接受煩惱的作弄，對人要存慈悲心，對事要有智慧心，如此一來，也就不致於那般的痛苦和煩惱了。

種福有福

世間人心動，愛著福果報，
而不好福因，求有不求滅。
——大智度論卷一．摩訶般若波羅蜜初品如是我聞一時釋論第二

一般愚人只希望得豆得瓜，而不想去種豆種瓜，只想要享福而不願去種福。《大智度論》這個偈子把眾生的愚昧顛倒，很明確地點了出來。

「世間人心動」，為什麼動呢？因為有貪愛幸福的果報，卻不喜好努力去培養幸福的原因。一般人都希望多福報、少災難，所以人心就像猴子，整天處心積慮動腦筋，看看有哪些幸福的機會之門，正在等待著他們進去盡情地享受；也像母雞帶小雞，一天到晚在地上東啄一嘴、西啄一嘴，找找看有哪些美食，正在等待著牠們去享用，牠們終日忙著找可吃的東西，似乎永遠沒吃飽的時候。是

不是真有那麼多的機會，是不是真有那麼多東西可吃？當然沒有。明知機會不多，還是不能死心，這樣子雖然給人希望，也使人心變得不能安定。

人與一般動物不同，例如老鼠，不種五穀，可以偷吃五穀；例如野兔，不種菜可以偷菜吃，但牠們不知道那是不道德的行為。人類求生存，必須付出努力生產的代價，如果不事生產而坐享其成，便為社會所不容，亦被識者所不齒。要是大家只受福報而不種福因，福從何來？因此，「人心動」只要動的正確，便是智慧的奉獻，動得不正確，便是投機取巧、走歪路的邪念妄想了。

這四句話的前三句，是告訴我們，人心輕躁浮動，因果顛倒，則是製造苦惱的根源；人心謀定而動，但顧努力耕耘不問收穫多少，乃至只顧種福而未求享福，才是最有福、最享福的人。第四句「求有不求滅」，是說人人希望擁有福報，希望福報增長，誰都不希望福報減損、福報消失。這便是患得患失的心態，也是煩惱痛苦

的原因。事實上，世事皆無常，有了福報而擔心沒有保障，無異自尋煩惱。世間沒有一樣東西是永遠可靠的，連自己的身體、自己的心，都不是永遠可靠的，豈能要求以身外之物來保障自己？

事實告訴我們：種瓜可能得瓜，也不一定得瓜，不種瓜而得到了瓜，一定是借來的、偷來的，或者是搶來的，借的必須還本付息，偷搶的必須遭受犯罪的懲罰，都不是好玩的事。有的必然歸之於沒有，沒有了還可以努力來促成其有，能知如此，必定有福。

平等不二

道及淫怒癡，是一法平等；
若人聞怖畏，去佛道甚遠。
——大智度論卷六．初品中意無礙釋論第十二

在一般人的想法中，正道和淫、怒、癡，是截然不同的東西，但此偈卻說它們是平等的，這是什麼道理呢？又為什麼說聽了這句話而心生恐懼的人，距佛道很遠呢？

在沒有學佛、不知佛法的人心中，七情六欲、喜怒哀樂都很清晰鮮明。但許多人也知道，大貪大瞋不是好事，所以需要修身養性。有修養的人能控制情緒，而且能調整情緒，否則不僅對身體不好，也是對自我的懲罰。

淫、怒、癡就是貪、瞋、癡，名為三毒，是煩惱之中力量最強，而且是最難斷除的三種心魔。淫是過分的貪求，怒是瞋恨，癡

是不信因果、不知因緣、沒有正見。

「道」是持戒、修定、得智慧的方法，修道的人通常是運用戒、定、慧的三無漏學，來對治消融淫、怒、癡的三種心毒。在一般人看來，道與非道相對，就像智慧與煩惱是對立的一樣，二者截然不同。然就佛、菩薩等已解脫的人而言，淫、怒、癡與戒、定、慧是平等的，因為已經沒有淫、怒、癡，所以也用不到戒、定、慧了。這個思想，在禪宗的《六祖壇經》有「煩惱即菩提」的名句。又在《維摩經．不二法門品》講得很清楚。例如善與不善不二、罪與福不二、正與邪不二等，因為已得解脫的人，心中已沒有對立的事物存在，沒有道和非道等的兩種極端。如果認為有道，就有非道的一面；如果認為有智慧，也就還有煩惱。世上若無邪惡，則一切的道德觀念也就用不到了；世上若無煩惱，則用來除煩惱的智慧，也就不必要了。

佛道是平等的、解脫的，沒有對立的現象、感受、經驗，是真正的大自在、大自由。一般人如果發生不愉快或不幸的事，能把它當成平常事來看是相當難的，不過我們必須練習著以平常心來待人處世。平常心亦即平等心，不僅煩惱與智慧平等，凡是偏執一端的，均宜知道平等不二，才能不起對立的衝突。

脫離魔網

有念墮魔網，無念則得出；
心動故非道，不動是法印。
——大智度論卷八．釋初品中放光第十四之餘

起心動念是一般人在一天當中，幾乎時時刻刻都在發生的事，這個偈子則說，一有念頭就墮入魔網，無念則不被魔網束縛。這對一般人而言，是很不容易做到的，不過要看如何來解釋有念與無念的意思了。

首先要了解「魔」是什麼？魔境擾亂我們的心，使我們自惱惱人。只要有煩惱的念頭生起，便是內心有了魔動，就跟外來的魔境相應，這是物以類聚。常人說心中無鬼，心外的鬼就奈何你不得，心有弱點，外魔便趁虛而入。所以，沒有心魔不會惹魔，此乃邪不敵正，如果心中有邪念，外魔很容易來利用你而做為工具。所謂外

魔，也是因為你自己不能把守，受到外境的干擾，如果你能借力使力，也可將干擾轉為訓練，就不是魔了。

可見念頭的有正有邪，心外便有佛有魔，不能說所有的念都會墮入魔網，有正念才能脫離邪念。正念的心念是與智慧與慈悲相應，是與持戒及禪定相應。由正念的過程更進一步，便是無念；無念不等於沒有心理活動，只是不與自私的貪、瞋等煩惱心相應，便是無念。一旦提起正念，魔陣雖强，也奈你莫何！一旦無私的智慧現前，煩惱平息，心中清淨，正念也不需要了，即是無念，便也脫離了魔網的範圍。普通人先從正念的工夫著手，哪怕短到僅僅一念保持不受環境干擾，也便是正念。無念雖不容易，總是可以略微體會。

在正念之時，外魔已奈何你不得，到了無念的境界，魔根本找不到你了，因為無心可找、無念可著，完全解脫自在，這叫「無念則得出」。邪念、正念都沒有了，才真正出離魔網、離開魔境。

「心動故非道」，是說心有念便是心動，心無念即不動；倘若有念，不論邪念、正念，均為妄念，都不是無私的智慧，所以跟解脫道及菩提道不相應。「不動是法印」，所謂法印是指「諸行無常、諸法無我、涅槃寂靜」的三句話，稱為三法印，合乎這三語原則的道理，便是正確的佛法，否則便不算佛法。運用在此處，則是說如果心有妄念，心是動的，那一定沒有體驗到真正的佛法。如果心不動了，你可以體驗到正確而究竟的佛法，佛法也可以證明你已經驗到了無私的智慧。

一般人也可以用到這四句話，在危險驚恐的環境中，至少可使心安靜一點，脫險的機會大一些。平常在心理上也較為健康、客觀，不會動不動就情緒失控。縱然無法永遠擺脫魔網的干擾，至少不會經常被籠罩在魔網中頭頭亂轉。

此所謂魔，是指內心的邪念，是指助長你邪念生、邪念動，煩惱生、煩惱動的一切人、一切物、一切事。若對正念者而言，那就不是魔，而是助長你修道得道的因緣。

生活規範

大惡病中，戒為良藥；
大恐怖中，戒為守護。

——大智度論卷十三・釋初品中尸羅波羅蜜義第二十一

戒是生活的規範，故在很多經典中，都可以發現對「戒」的強調和重視。因此，這個偈子說，生了大惡的疾病，戒是良藥；在大恐怖發生時，戒可以保護你。

戒律未必是教條的約束，所以並不可怕。戒是勉勵我們當做則做，不當做則不得做。它的精神就是「諸惡莫作，眾善奉行」。

大惡病的「病」不一定是生理或心理的病，殺人、竊盜、邪淫、妄語等大惡事本身就是病。身為佛教徒，就該淨化自己的身心，同時淨化眾生的身心，達到自利利他、救人濟世的目的。如果不這樣做，就是害了病。生理不健康的人，明知不該做的事也會去做，明知不該說的話也會說，不該想的念頭也會想。如果受了戒，就像吃了藥一樣，受戒時的決心能使尚未作惡的人不會作惡，已經作惡的人改過遷善，受戒與宣誓相同，就職、入黨、入籍、結婚等的宣誓，便是志願遵守共同的生活規範。

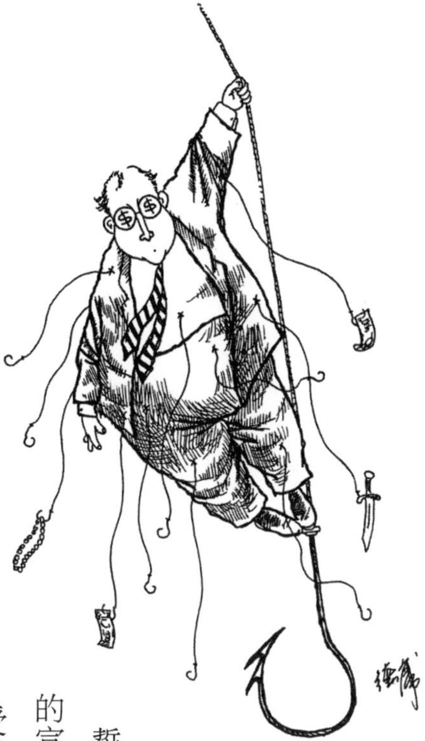

受戒是對良心宣誓，對戒師宣誓，對佛菩薩宣誓。在隆重的受戒儀式之後，心向會轉變。好比原來需要天天吸毒的人，被送往菸毒勒戒的醫院，毒品的來源沒有了，想吸食的時候也會提醒自己不應該。所以說戒是惡病的良藥。

「大恐怖中，戒為守護」，最大的恐怖是死亡，其次是受傷害，再其次是被人冤枉、誹謗、欺負。換個角度看，做惡事的人老是恐懼被人發現，怕受報復或遭法律制裁，一生都在恐怖之中。如果能受戒，過去已犯的錯誤會直下承當，該受的果報會心甘情願地勇於接受，此外可用持戒的功德來將功贖罪。過去因瞋怨而罵人，現在因持戒而讚歎人；過去因貪欲而偷盜，現在因持戒而做大布施；過去因愚昧而傷害人，現在因慈悲而多做救生護生的工作。這是積極的持戒。由於現在行善持戒，惡報也許不會發生，即使發生了也能坦然地面對。因此，有大恐怖的話，受戒、持戒最有用。

瞋為毒根

殺瞋心安隱，殺瞋心不悔；
瞋為毒之根，瞋滅一切善。
——大智度論卷十四．釋初品中羼提波羅蜜義第二十四

此偈是說，滅掉了瞋恨，心中就得平安；滅掉了瞋恨，就不再後悔。瞋恨是煩惱毒的根源，所謂一念瞋心起，八萬障門開。在日常生活中，可以看到許多人由於喜怒無常，常發脾氣而害人害己；辛苦了一輩子的成績，很可能只因說了一句狠話而前功盡棄。

凡夫的煩惱心有三種：貪欲、瞋恨、愚癡，這三種煩惱心當中，以瞋心表現最明顯。貪心往往可以隱藏，不易讓人發現，可是只要心中有瞋有怨有恨，很快就從面色、言詞、行動上表現出來。修行人要得心安隱安定，感到喜悅安樂，一定要把瞋心除掉。有些人沒有表現貪欲，但瞋心很重；他不求名位、利祿、權勢，也不想

追求男色、女色，但對很多事情、很多人都看不順眼。既然對任何事都怨忿不平，對任何人都採對立的心態，心中豈能安定？

瞋心滅除後就不會有後悔的心。「悔」也是懺悔、悔過。佛經中說：「一念無明起，火燒功德林。」無明是煩惱心的潛在力量，有了瞋心，會無緣無故地動怒，用語言、動作或其他方法傷人，後悔的事就來了，這時就要懺悔。

貪、瞋、癡稱為三毒，其中以瞋心的毒最大。因為貪心使自己煩惱重，卻不一定傷人；但瞋心一定會自傷傷人、自害害人，是雙重的罪惡，所以「瞋」是「毒之根」。

如果能滅瞋心，就能修行一切善法。當瞋心的火息滅時，對人會生起慈悲心，會以關懷、原諒、同情的心待人；當瞋心消滅時，對一切事物的決斷，會以純客觀的智慧來處理自己的問題，分析他人的問題，化解一切麻煩的問題。所以說一旦瞋心滅，一切善法生了。

不留痕跡

若觀無生法，於生法得離；
若觀無為法，於有為得離。
——大智度論卷十五．釋初品中羼提波羅蜜法忍義第二十五

從這個偈子看來，無生法和無為法是得智慧、斷煩惱的依據。無生法和生法相對，而無為法和有為法也是相對的。若要明白此偈的內容，先要了解這幾個名詞的意思。

「生法」是讓人生起種種煩惱的執著心、分別心、生滅心。前念滅、後念生，心有所生、心有所滅，叫生滅法，又叫生法。我們在平時無法感覺生滅法，如果安靜下來體會心念的活動，非常頻繁，就會知道念起念滅的心理狀態，為什麼要稱為生滅法了。前一念想到的是某某人的恩德，下一念又想到他雖對你有恩，但也曾經使你很難堪。如此前一念「他是好人」滑過去，後一念又是另一個

形象的他，這就是生滅法。

「無生法」的意思是又名「無生法忍」，是專門用於已經斷除煩惱的菩薩或阿羅漢。斷盡了自私自利的心理行為，便是斷除了執著、分別的各種煩惱，叫無生法，「忍」是確認、肯定、明瞭、無疑、可靠、實際如此，即是智慧的功能。有煩惱的心理現象叫生法，脫離煩惱困擾的心理功能，叫「無生法」。一旦悟得無生法忍的人，一樣也有心理現象，且對世間事物，反應得更透徹、更明朗、更客觀，甚至超越於主觀及客觀。故已沒有自我立場的好壞、是非、得失等分別心，事情該怎麼處理就恰如其分地處理掉，心中不留痕跡，但不是不留記憶，而是不留情感上的執著心。

「有為」講的也是人心現象，是指有企圖、有期待、有計較、有得失的心理活動。例如希望要得到什麼、丟棄什麼，得不到生瞋恨，丟不掉起怨恨，得到了尚不滿足，盼望計畫獲得更多。通常說：人當有所為，有所不為，似乎有所為是有為，有所不為是無為，其實這兩者都是有為法，因為都是心有所期、心有所寄的。

「無為」是指離開了有為的心理狀態，也就是超越了我人、是非、利害、得失的自我立場的價值觀。與人相處時，只有慈悲的行為；面對事情時，只有智慧的功能。這已不是一般人所能想像的心胸了。

因此，有為也不一定全是不好，有為的心，可讓人知道好壞、多少、善惡、公私、上下、苦樂等等的心理反應，雖然不得解脫，但是能夠生活下去。若能從有為進步成無為，我們就能體驗到自在解脫的心境，活活潑潑、無拘無束、無牽無掛，雖然時時救人、處處行善，卻能隨時放下、隨處放下，正如《金剛經》所說，縱然度盡一切眾生，實無一眾生得度。對眾生而言，他是度了眾生，對他而言，度與未度，都是一樣的無有增減。這樣宏大的胸懷，雖不是一般人所能做得到的，總也可以學習嚮往的。

欲海回頭

著欲不自覺，以何悟其心；
當觀老病死，爾乃出四淵。
——大智度論卷十七．釋初品中禪波羅蜜第二十八

此偈是說，若有人沉湎於男女的情欲而不自覺，該如何使他醒悟呢？最好的方法，就是觀想人生過程的老、病、死的苦狀，才能出離苦海。

所謂「著欲不自覺」，是指欲念強烈，房事過多，自己卻不能反省約束，正當盛年時，也許不自覺有什麼不對勁，縱欲的人在年歲稍長時，後遺症就會漸漸出現了。如何提醒自己不沉溺在情欲大海中？則宜首先弄清楚，欲海看起來快樂，事實上沒有節制的性活動，對身心健康、對家庭和樂、對社會安寧，都有不良影響。節制的方法，便是觀老！觀病！觀死！

「四淵」是生、老、病、死，也叫四苦。若不超越生、老、病、死的四大深淵，就不得解脫。《圓覺經》說，眾生（人）之所以有流浪於生死之間的生命，皆由於貪著男女淫欲的關係，因為有兩性的需求，所以一生又一生，生了死，死了生，永遠沉淪在生死的大海之中。要求人人斷欲而不婚嫁，乃是不可能的事，節欲少欲而勿縱欲，應該是做得到的。人類號稱萬物之靈，若從兩性關係正常狀態而言，人類的確比其他的動物優勝，如果沒有節制地放縱情欲，便會給當事人帶來災難，所謂衣冠禽獸，其實尚不如禽獸。

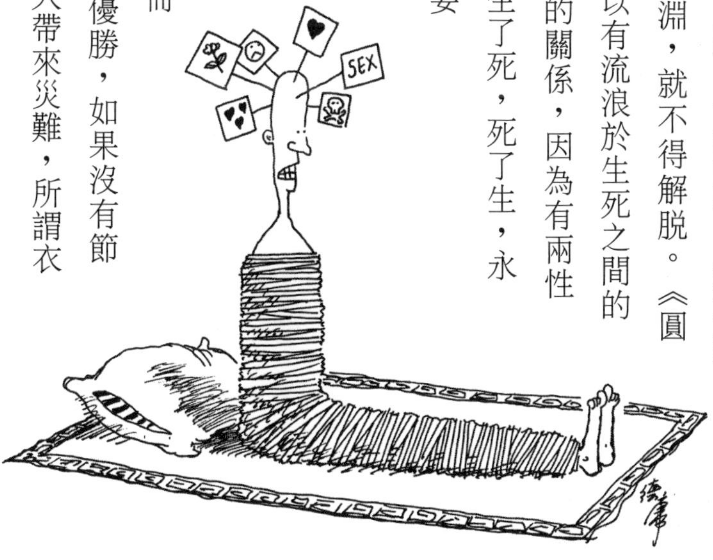

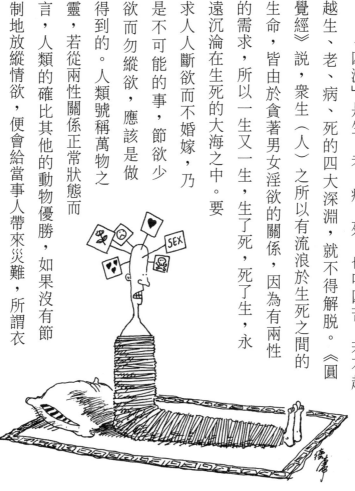

人生有生、老、病、死的四苦，不過生是苦的開始，不是苦的本身，所以不需要觀，大家認為出生是好事，生命也是好事，見到嬰兒的出生誰都想是可喜的現象，唯有人的老、病、死的遭遇，一般人都不會喜歡。實際上，人的老、病、死是從生而來的，但要一般人把「生」觀成是苦，便無法著力，所以觀其他老、病、死三種現象就好。

淫欲心重的人，觀想縱欲容易衰老，容易罹病，死得快！想想自己老態龍鍾時如何？再觀想自己生病時如何？追求滿足淫欲的念頭就會減少。還有，須明瞭一個事實：每個人多多少少或隱或顯地潛伏著一些病因，當您想到自己是個病人時，哪裡還有心情去縱欲？不是找死嗎？想到縱欲會死得快一點，想到死就在面前等待著時，哪還提得起縱欲的念頭！

只要欲念不起，那就出苦海了；欲念的醒悟要從節欲、少欲著手做起，到了斷欲的程度，已不是凡夫而是解脫了煩惱的聖人。

懺悔安樂

若人罪能悔，已悔則放捨；
如是心安樂，不應常念著。
——大智度論卷十七．釋初品中禪波羅蜜第二十八

這個偈子講的是懺悔。對自己的過失一旦懺悔了，就要把已懺悔的事不再掛在心上，這樣才能平靜安樂地過日子，所以悔過，不等於悔恨。

懺悔的意思是，反省自己已犯的過失，願意面對它，承擔起過失的責任，從此改正錯誤，決心不再犯過。通常說，人非聖賢，孰能無過；重要的是知過當改，所以懺悔的修行，比任何法門都重要。正因為自己還是凡夫，隨時隨地會犯錯誤，所以不但要隨時隨地懺悔，並且要定式定期懺悔。懺悔雖不必拘泥一定的形式，但是犯了重大過失的懺悔，必須面對當事人或幾個與你共同生活的人求

懺悔；小過失的懺悔，則是對自己的良心自責即可。

當人心受到汙染或被罪惡感困擾時，懺悔的方法能有助人脫困的作用，所以《阿含經》及戒律聖典中，教人要懺悔，懺悔則安樂，用懺悔來洗滌罪垢，鼓勵人重新出發。一旦經過懺悔，就把罪惡感放下來，這不是說沒有罪了，而是在認罪之後，心理的牽掛障礙沒有了。如果犯了過失，自己不肯承認也不願讓人知道，這是沒有慚愧心；從表面上看，他似乎不知有因果等著他，但在他的潛意識中，罪惡感的陰影老是籠罩著他。絕大多數作奸犯科的人，在被法律制裁或執行死刑之前，會覺得後悔，往往會叫別人不再學他。可見罪惡不悔改，心中是很痛苦的；懺悔以後，就把不愉快的、恐懼的、不安的心境改善了。所以此偈要說「如是心安樂」了。

能知懺悔，則能把犯罪的負擔和壓力減輕，甚至可以擺下，這是使內心安樂最好的辦法。所以要常念著：「小心勿犯罪，犯罪要懺悔，懺悔得安樂。」即使非佛教徒也可以用這個方法幫助自己。

懺悔以後不致馬上再犯，即使尚會犯罪，犯罪的機率應當會愈來愈少，人格便愈來愈健全了。

精勤無難

人有不惜身，智慧心決定；
如法行精進，所求事無難。
——大智度論卷十五．釋初品中毘梨耶波羅蜜義第二十六

這個偈子的重點在於「精進」兩個字，這是大乘菩薩道的六度之一，用普通話說，就是勤奮不懈怠的意思。

「不惜身」和「心決定」都是精進的表現。意思是說，只要是以智慧的抉擇所認定的事業，就當努力不懈，乃至不惜奉獻全部身體的生命，無怨無悔，勇往直前，再接再勵，則任何困難都阻礙不了你的成功。

不惜身命的意思，不是不顧一切的犧牲，而是有始有終的決心。如果盲目地犧牲了身命，以後就沒有機會了；而努力投入之後，換得了經驗，成就的還是自己，當然不是犧牲。這是非常積極

的實踐精神，不只成就了自己，也利益了他人。

六度法門中，布施、持戒、忍辱的三項，都需要精進地去做，否則修行禪定和智慧也得不到力。其中以智慧指導修行，以智慧解脫煩惱，故以智慧為六種自度度人之法門的最高目標。可是，只要缺少精進，其他五項都會落空。由於不惜以身體奉獻給衆生，所以能用精進心成長自我的智力、財力、體力，修大布施、持清淨戒、行大忍辱和入甚深禪定。所以在佛經中說到，捨身修布施、捨身護淨戒、捨身大忍辱、捨身入禪定、捨身慧解脫，也可以說菩薩為了廣度衆生，必須不惜身命，方會難捨能捨，難行能行，難忍能忍，以必死的肉體生命，修成不壞的金剛法身。天下無難事，只怕無決心，不怕修不成，只怕不精進。

為了求福報、求智慧，必須先要付出努力以赴的決心。如果虎頭蛇尾，或者做一天休息三天，不能趁熱打鐵，這種心態只能做些零碎的小事，無法成就艱鉅的大業。許多人，過分地保護身體，捨不得用，養尊處優的結果，是體能衰退，心力不濟，無病有病，都是懶洋洋慵落落地，真是浪費了天生的本錢。身體的好壞，可以用心來調，心調好了，身體就不是問題。所以我主張「忙人時間最多，勤勞健康最好」。只要我們不去糟蹋身體，也不用過分疼惜身體，便能難得能得，難成能成了；只要精進，佛道易成，何況是一般的事呢？世人能夠成功，條件很多，其中必然有一項因素是精勤。

心中佛國

或有佛剎地，垢穢不平正，
眾生煩惱故，起如是佛剎。
——六十華嚴經卷四．盧舍那佛品第二之三

有的佛國髒亂汙穢、高低不平，這是因為該佛國的眾生煩惱多，才形成這樣的國土。這個偈子是在形容我們這個世界。

佛剎就是諸佛所居的國土、諸佛用來度眾生的舞台。佛國應該是無染清淨的，是平平整整的，那是以佛的功德福報所完成的世界。我們眾生雖與諸佛住在同一個世界，由於心中有煩惱，所感受的環境便是髒亂不清淨的，也是崎嶇不平、參差不整的，故叫「垢穢世界」。釋迦牟尼佛說這個世界對於眾生而言是五濁惡世，但他不論在《法華經》或《華嚴經》都說，他的佛國淨土，就是這個世界；在他心目中的眾生，也是跟他一樣，具有佛的智慧、功德、福報。所不同的是，佛已體驗到衆生跟他無差別，但衆生不知道自己也能跟佛一樣，不能體會淨土就在面前，不曉得福報也無量。只因衆生在醉生夢死中自我作繭，受苦受難，並且繼續為自己製造更多苦難的原因，也為他人帶來許多苦難的事實。這樣一來，愈來愈覺得所處的環境不安定、不安全、不清淨。

有人問我：「佛國淨土是什麼情況？」我說：「根據經典介紹，佛國淨土實在太好了，無憂無慮，自由自在，無有煩惱，不愁生死。」「如果有一個人在我們這個世界煩惱很重、滿眼仇人、凡事抱怨，能不能去佛國淨土？」我說：「他不能去。即使佛國淨土就在他眼前，他所看到的也是衆苦交煎的衆生世界。」所以一定要放下怨恨、不平、貪念，才能體驗到佛國淨土的狀況。也可以說，十方的佛國，不外乎內心的世界。

似有實無

眾生心不同，隨起諸妄想；
如是諸佛剎，一切皆如化。
——六十華嚴經卷四．盧舍那佛品第二之三

此偈是說，因為眾生的心彼此不同，由心生起的妄想也各形各色，因此十方諸佛的淨土，也是如幻如化並非真實的。

一般人認為，現實的世界是真的；不信佛教的人，認為佛國淨土是人類想像中的虛幻世界。一般信仰佛教的，知道現實世界是虛幻的、臨時的，諸佛的淨土是真實的、永久的。此偈則說，諸佛淨土也是由於眾生的妄想而有，其實如幻如化，並非實有淨土。這是因為《金剛經》也說：「凡所有相，皆是虛妄。」說有十方佛土，是對凡夫方便說，凡有方位時段，都不是究竟的淨土。究竟淨土遍於一切處，亙於一切時，處處是淨土，時時見淨土，只要體驗到實相是無相，無相也不離一切現象，處處有佛土，樣樣都是佛。但因眾生的心動亂不定，妄想心尚未消滅，煩惱執著，起起落落，所以不知佛國何處，不識佛是何人。因此諸佛不得不順應眾生的所喜所求，運用悲智願力，化現出種種佛國淨土。

希望求生佛國淨土的人，一定是還帶著煩惱積習的凡夫眾生；這些眾生在人間本來就看不到佛和淨土，只聽說有佛國淨土，尚未覺察到人生有多苦，還沒有意願要去什麼佛國淨土，也懷疑是不是真有佛國淨土；如果已有往生佛國的願望，那是從釋迦牟尼佛所說的經典中獲得的消息。根據古來有些祖師們的介紹分析，凡是容受凡夫往生的佛土，尚不是真實的。諸佛自己的淨土，只有佛與佛之間可以體會到，別人無法揣摩也無法進入；那是遍於一切時空的存在，也超越於一切時空的存在。

由於眾生的心不同，因妄想而起種種佛剎，所以種種佛國淨土也是如幻如化。如幻如化的佛剎，是有形象、有方位，乃至也有時限的，是一種方便的接引，不是究竟的佛土。但我們也一定要相信，諸佛各有國土，用以度化各類有緣的眾生。例如跟釋迦牟尼佛有緣，就生到這個娑婆世界來；跟阿彌陀佛有緣，就生到西方極樂世界去。眾生在不同的佛國中修行佛法，稱為夢中的佛事，所以佛國是似有而實無的。

眾生成佛

自歸於佛，當願眾生，
體解大道，發無上意。

——六十華嚴經卷六．淨行品

此偈是說，當自己認識了佛的精神，知道了佛的意思，接受了各人自己也能成佛的理念，就會盼望一切衆生，都能理解佛的道理，並願人人都能成佛。

佛是自己徹悟，又能覺悟衆生、安慰衆生、鼓勵衆生的大覺智者、大慈悲者。佛是由衆生之中產生的，是在斷盡煩惱，又能常度衆生而福德智慧究竟圓滿了的人。

一般的佛教徒，只知道在苦難緊急的時候，才求助於佛，等待佛的救濟；沒有錯，佛度有緣人，有求有應。可是此偈的「自歸於佛」，是自動地向佛的偉大人格致敬，但願自己也能具備成佛的條件。不僅自求成佛，也願所有一切眾生，將來都能發起成佛的大心，走向成佛的大道。

然而，成佛之道有頓有漸。說頓，就是在一念善心起，一念煩惱斷，便能親自體驗到佛的智慧和慈悲，所謂「放下屠刀，立地成佛」，便是這樣的道理，但他尚不是福智圓滿的佛，必得繼續修行。說漸，就是要從高處著眼，先從低處起步，成佛當從做人開始，然後具備生天的條件、解脫煩惱的的功力、廣度眾生的悲願，最後才能成為圓滿的佛。

有的人開始信佛，就發願成佛；有的人只是迷

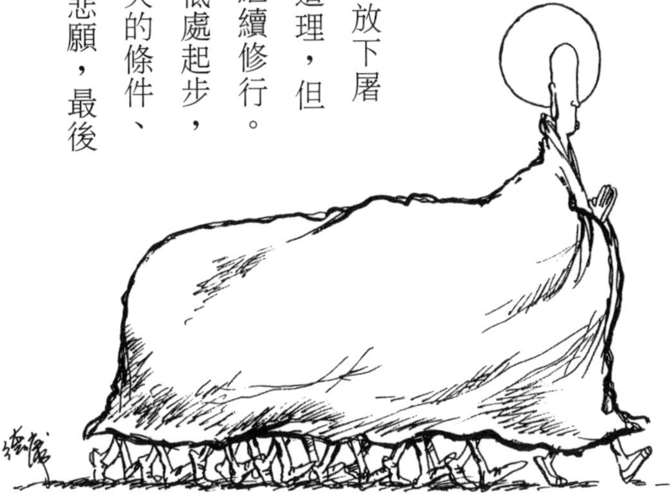

迷糊糊地希望成佛，但不知如何修行才能成佛；也有的人聽說從初發心到真正成佛，需要歷劫的修行自利利人的菩薩道，就心生氣餒而畏縮不前了。

其實，所謂歷劫成佛，目的是勉勵我們，不要老是在期待成佛的結果；切實地努力，無限期地來做自利利人的修行工作，是最重要的。否則，經常指望著成佛的結果出現，本身就是一種煩惱，不僅不能成佛，也就不能解脫了。最好是先學菩薩精神，未成佛道先結人緣。成佛是努力耕耘的事，不是計時計日的事。

這麼說來，發願成佛豈不是遙遙無期的事嗎？這倒未必如此，當煩惱重的時候，時間才長；如果心中的煩惱少些，時間就過得容易；如果沒有了煩惱，至於自己何時成佛已不是問題，你的目標是在使得一切眾生都能成佛。

開啟智慧

自歸於法，當願眾生，
深入經藏，智慧如海。

——六十華嚴經卷六．淨行品

此偈是說，自己認識了宇宙人生的道理和自利利人的方法，就要拳拳服膺地照著去實踐和體驗；同時也希望把自己覺得是最好的哲理，分享給一切需要它的人。更要緊的是希望大家都能自己來向佛法的寶庫中探索，才能啓發出你自性中深廣得像大海一般的智慧。

此處的「法」，是宇宙人生的原理，也是規範人生修養的方法，它更是指導人類離苦得樂的觀念。有屬於思辨的部分，有屬於實踐的部分，有屬於內心世界的經驗部分。

佛所說的「法」，不是一成不變的教條，也不以為有一種永遠

的真理叫作法。

佛說法四十多年，在他肉體死亡之前，卻對大眾宣布說：「我說法四十九年，未曾說著一字。」甚至在《金剛經》中說：「若人言，如來有所說法，即為謗佛。」因為佛是應機說法，隨緣應化。佛沒有一定想說什麼，只是為了適應各種層次的對象需要，而說離苦得樂的慈悲法及智慧法；隨著不同時代環境的需要，而為人間留下慈悲和智慧的語言。

佛是一位具有高度智慧的人，他不希望人間大眾把他當作個人崇拜的對象，所以提出「依法不依人」的主張。若僅信人，是主觀的、會有變動的；若僅依靠佛這個人來救濟，在時空之中，都有其極限，既不可能持久，也不可能廣大。如果以佛所說的法，也就是以慈悲和智慧的理念，做為信仰和實踐的重點，情況就不一樣了。

因此，一般的佛教徒，在他們尚未知道佛法的重要之前，是以佛的人格為信仰崇拜的對象，一旦理解了佛法，便會以學佛求法為信仰佛教的目的了。所以鼓勵大家「深入經藏」，開發智慧。

安眾和眾

自歸於僧，當願眾生，
統理大眾，一切無礙。

——六十華嚴經卷六．淨行品

這一偈子是說，自己認同了這個和樂融洽的團體，也希望所有的人都來信賴它、維護它、尊重它、尊敬它，彼此間相互關懷照顧，不為私利爭執，便能夠和眾、安眾，沒有任何障礙。

此所謂「僧」，是梵文「僧伽」的簡譯，是有組織規範及倫理體系的社團。佛教分有出家眾及在家眾，又分大眾及小眾、男眾及女眾。也分聖賢眾及凡夫眾、沙門眾及菩薩眾。而在佛教聖典中所稱的「皈依僧」，必定是指出家的沙門眾，它是象徵著：1.少欲知足，2.清淨無私，3.和諧無諍的精神。

僧是學法、弘法、護法、依法共同修行，依律共同生活的團體

及其成員。在佛的時代，主張全民民主，財物屬於團體共享，個人也屬於團體共有；個人在團體中有接受培育照顧及發表意見的權利，也有愛護團體、維繫團體，以及遵守團體紀律、認同大眾利益的責任。

佛也尊重團體，並且主張「佛不領眾，佛也在僧中」。佛是指導人生方向的導師，至於大眾之間的各種問題，均交由團體的會議來處理。佛是至高無上的智者，不是至高無上的權力中心。

佛教重視的三寶，就是因為要依「僧」學「法」，法由「佛」說，以佛為法的源頭，以僧為體驗佛法、弘傳佛法的老師。所謂高僧，就是團體中的高明之士，能為大眾以身作則，使大衆安定和諧，給大衆解惑釋疑，異中求同；是為大家排除障礙困難的人。

「皈依」是尊敬、認同、接受、信賴的意思。如果僅皈依佛而不皈依法與僧，只是一種神格崇拜，不能接受到提昇自我精神領域的訊息。若只皈依法而不皈依佛與僧，則僅相當於學問的探究，不能接受到經驗的傳承。如果只皈依僧而不要佛也不要法，就好比結拜義兄義弟，或認義父義母，那僅是世俗感情的結合，而與平等超越的佛法不相關了。因此，皈依僧並不僅僅等於拜一個師父，而是以一個安衆和衆的清淨團體，為修習智慧之學的依止及榜樣。

佛在眼前

法身非變化，亦非非變化；
諸法無變化，示現有變化。
——六十華嚴經卷十四．兜率天宮菩薩雲集讚佛品

此偈是說，佛的肉體，也有生、老、病、死，佛的法身是永不變化的，但是一切變化的現象也並未離開法身，一切有形無形的本性雖沒有變化，但在顯現作用之時有很多變化。

「法身」有兩個意思：一是以法為身，法是現象，以一切現象做為他的身體，只要有現象，就是法身。二是以法性為身，諸法以空為本性，叫作空性，既是空性就沒有變化；相反地，正因為是空，所以不妨礙種種的變化。

請不要把佛的法身，想像得那般的神祕，只要心中無私、無憂、無牽掛，就會發現佛的法身，根本未曾離開過現實的世界，不

論是山色水聲、鳥語花香，不論是春夏秋冬、風雪雨露，不論是人是物，乃至一塊頑石、一粒泥沙，都是佛的法身在現身說法。所以可說，處處有佛，樣樣是佛，只因衆生愚癡，見到心愛的就想占有它，遇到討厭的就想排斥它，結果是佛在眼前不見佛。

禪宗的傳記中，常常可以看到，學生的問話問得非常高深，老師的回答，總是平易近人，把日常最普遍的事物說給你聽，讓你發現，原來踏破鐵鞋尋找不到的東西，竟然是唾手可得的現成事。

一般人總是迷信，總以為佛是神聖不可捉摸的，佛是神祕不可想像的，那是誤解了佛。佛的人格，的確非常人所能相比，佛的愛心與佛的智慧也非一般人所能衡量，但是佛的人格人人可以學習，佛的法身遍於一切時空的一切現象。

我們每一個人，根本就與佛的法身同穿一件衣服，同吃一碗飯；甚至有一位禪師說：「每天吃飯未咬著一粒米，每天走路未踩著一片地。」內內外外都是佛的法身，無分彼此。因為它是空性，它無變化；因為它有現象，它也有變化。不論變與不變，均未離開法身。

信心基礎

信為道元功德母，增長一切諸善法，
除滅一切諸疑惑，示現開發無上道。
——六十華嚴經卷六・賢首菩薩品第八之一

正確堅定的信心，是成就佛道的起步點，是成就功德的基礎，可以增長一切美好的事業，可以滅除一切疑難及困惑，可以展現開發成佛之道的因緣。也就是說，要想得到學佛的利益，一定是從正確的信仰開始。

不論何人，凡是跟人相處，都得把彼此間的關係建立在互信的基礎上。凡是交一個朋友或聘用一個人，首先要相信他是可以信賴的人，即使他不是那麼可靠，如果你還是希望結交他這個朋友，或者你必須用他這個人，你仍得相信他是尚算可靠的人，否則你就很痛苦了。

不論讀哪一類的書，首先要相信它至少不會對你有害，即使人人都說那是一本壞書，你也要相信對你不致有什麼損害，否則你讀那本書就很痛苦了。

不論從事什麼行業的什麼工作，首先你要相信，對你增加收入、成長經驗等有些幫助，即使不是理想中的工作，你也得相信有勝於無；有錢賺當然好，沒有錢賺可以換取經驗，縱然連經驗也談不上，能有機會用手、用腳、用頭腦，也是健康人生的表現。

此偈的內容就是說，若求成佛，必須斷疑起信，滅惡興善，所以信心是一切源頭的根本。在茫茫的人生大海中，信心就像指北針，又像船錨，它能給我們方向感和安定力。

真知灼見

> 無見乃能見，一切真實法；
> 於法有所見，彼則無所見。
> ——六十華嚴經卷七．菩薩雲集妙勝殿上說偈品第十

不要存著想見什麼的主觀態度，你才能見到純客觀的事實真相。但是如果你認為自己對事實真相確有所見，實際上又偏離了佛說實相無相的原則。

在所有的佛教聖典中，都叫我們要努力，又叫我們要放下；叫我們要上進，又叫我們不要期待；叫我們要肯定，又叫我們不要執著。這就是佛法的優越處和高明點。

我們一定要有著力點才能努力，但抓住著力點之後要能放下，亦即提得起也要放得下。提得起是方法，是著力的開始；放得下是為了進步，級級上升，就像登山的人，由懸崖絕壁向上攀登，必須

步步紮穩、步步放下，否則就不上不下了。所以在全力提起之後，必得徹底放下，才能有大擔當，才會有大遠景；唯有能夠徹底放下自我私利的人，才能把一切眾人的責任擔得起來。

這個偈子的意思是說，沒有可見，乃能見到一切的真實：不得有先入為主的成見，你的觀察判斷才會客觀。人人都會有自己的看法，從自己的立場看景色，從自己的角度看方位，從自己的興趣看人、物、世界。這都是已經有了主觀立場的見解。凡不是客觀的，就很可能是不公平、不正確的。只要設定了立場，看什麼都不是完整的。從東面看到你的臉孔，

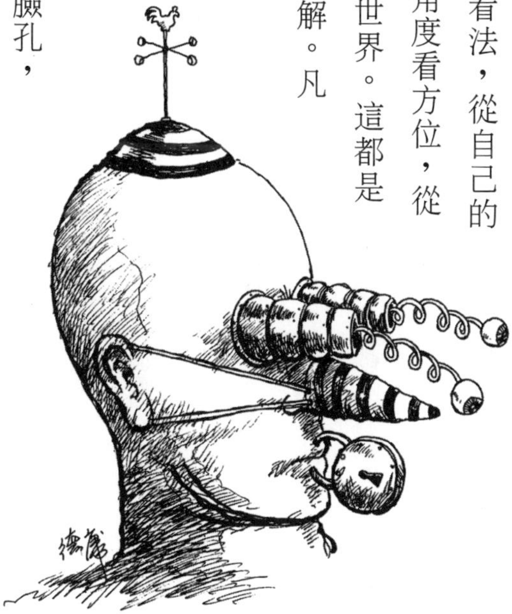

從西面看到你的背影，即使從四面八方的全方位來看你，也看不到你的內臟結構。若把內部剖析出來看，整體的你又不見了。只可說你於某一時段看到某一現象，不要據以判斷說你已看到全體事實的真相。

因此，對待一切現象，雖要全心全力，卻也要堅守不執著、無定所、無定向、無定法的原則，這才是叫作見到了「實法」。放下主觀意識，也要放下客觀意識，超越了主觀及客觀的看法，就能體驗到正確的、真正的宇宙人生的真相。

菩薩的心

> 菩薩未曾染著色，受想行識亦如是；
> 不住一切諸三昧，所有功德悉迴向。
> ——六十華嚴經卷十四．金剛幢菩薩十迴向品第二十一之一

此偈是說，菩薩在人間，也和我們一樣，有色、受、想、行、識等五陰所構成的肉體生命，但卻不像凡夫那樣地貪戀執著；菩薩雖已修成一切禪定的三昧境界，但也不會耽著那些禪定境界的享受，而把他們所有的成就，都奉獻給廣大的眾生。

菩薩有兩類：1.是初發心凡夫菩薩，不論是誰，任何人只要有心學習菩薩的精神，並且發願將來成佛，便是菩薩。2.是已證無生法忍的聖者大菩薩，無生法忍是不再有煩惱生起的意思，也就是只有慈悲而沒有情緒的智者。最具代表性的，如觀世音菩薩、普賢菩薩、文殊菩薩、地藏王菩薩等。

這兩種菩薩，前者必要來世間受生為人，後者在有必要的情況下，也會接受人身，以人間身來度化人間的有緣衆生。一般凡夫是以所造的業力受生，菩薩則是以所發的慈悲願力受生。同樣都有五陰組成的生命，一般人迷戀貪著生命，菩薩則將生命當作自度度人的工具，使用工具、珍惜工具，但不會把此工具當作捨不得、放不下的自我來執著。菩薩不戀生死、不畏生死，這叫自由生死的大解脫者；他們沒有一定要活多久或不活多久，沒有一定要活得如何的風光或不風光，盡心盡力，一切隨緣。

三昧是智慧與禪定的相加，即是安穩及解脫的功能。一般人在努力得到成果之後，通常是擁有它、享用它，而菩薩在獲得解脫的成果之後，卻不住於解脫，而用智慧將慈悲的愛心奉獻給需要他們幫助的衆生。

請不要把菩薩想像成那樣地高不可攀，只要有心學習菩薩精神，你就是菩薩的化現。

滿月清涼

映蔽於二乘，小智螢火光；
菩薩清涼月，遊於畢竟空。
——六十華嚴經卷四十三．離世間品第三十三之八

被小乘的聲聞乘和緣覺乘所掩蓋的人，雖然已得解脫智，卻像螢火蟲的光，是屬於小智小慧的層次。不若菩薩的智慧，就像清涼皎潔的月亮，遊遍於無限廣大的虛空。這四句話是用光的大小來比喻大乘和小乘的智慧，深淺廣狹，非常的不同。

「映蔽於二乘，小智螢火光」，是說聲聞和緣覺的小乘聖人看起來似乎有智慧，其實已經把他們應該可以顯現出來的大智慧蓋住了。他們僅有點小智慧，然而得少為足。所以大乘經典常批評小乘的人是自了漢。

小乘的人自求自了、自斷煩惱。他們覺得在世間非常痛苦，視

世間環境如毒蛇猛獸那麼可怕，如洪水火宅那麼恐怖，因此從二乘佛法中找到避風港，從此出離生死，不想回到生死之中度眾生了。

大乘菩薩則是著重「心」的解脫。面對苦難的眾生和本身的煩惱現象，知道有煩惱，其實不存在；只因自己不能掌控自己，所以經常受環境誘惑而造惡業，故起種種煩惱。知道這個原因之後，就能不受煩惱所困所轉，當下即不是煩惱。他知道眾生為什麼煩惱，能夠放下就沒有煩惱。煩惱本空，生死如幻，這些都是臨時的現象，不是真有那個東西。了解之後心中就沒有恐懼、沒有苦惱，現象歸現象，但那並非煩惱。

二乘已經體驗到，煩惱是由心造業，而得苦難的果報，所以修行解脫之法，自己離開煩惱，這也算是一種智慧！不過大乘菩薩不為自身求安樂，但使眾生得離苦。拿個比喻來形容：菩薩的智慧如八月中秋夜晚的月亮，清涼圓滿，輝映蒼穹；小乘的智慧如田間水邊的螢火蟲，光度微弱，忽隱忽現，勉強自照，不足以利人。所以菩薩的智慧是自利利人，自己能離煩惱，也幫助他人離煩惱；自己得大智慧，也幫助他人得大智慧。這就是關懷一切眾生的大慈悲心。

「畢竟空」可解釋為虛空，也是「非空非有，即空即有」。自己沒有煩惱，但不離開有煩惱的眾生世界中，自己不受煩惱困擾。心如虛空包容一切眾生，在有如虛空的無量空間中廣度眾生，永遠無罣無礙，故名為畢竟空。

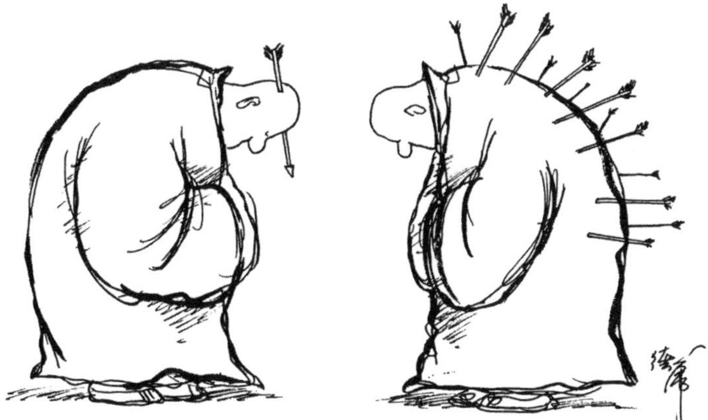

第三篇 假戲真演

小道放蕩

莫學小道，以信邪見；
莫習放蕩，令增欲意。

——法句經卷上・教學品

這四句話內容相當豐富。

「小道」是指看似有趣其實沒有大用處的雜技、藝能、命相、方術等，可以謀生及消遣，但是對於經國濟世、廣度衆生的偉大人格沒有多少幫助，也不能提供真正的幸福人生。

「邪見」也叫不正見，又名愚癡。比如不以正當的、正常的方式規畫人生，卻用投機取巧、走捷徑、抄小路的方法占便宜，得利益；自己不努力付出，卻希望坐享其成。凡此等與因果相違的都叫邪見。

「放蕩」是語言的行為浪漫，和身體的行為不受約束，沒有規矩，在生活中不受團體的、風俗的，甚至道德的規範。獨處時是如此，在與人相處時也一樣，可謂害群之馬。凡以非正規方式生活而追求刺激，戕害身心，對他人有所損害者，皆屬放蕩。

「欲意」是指奢侈的、過分的追求，又叫貪欲。我常說：「人需要的東西並不多，但想要的東西非常多。」必需品的取得，雖然是欲，但那是正常的需要。所需的東西用正當的方式獲得，是為每個人生存的依據，不致造成他人的傷害或社會混亂。「想要」則是貪得無厭的追求，不但使自己非常疲累、非常煩惱、非常痛苦，也會對別人造成困擾。即使得到一時的滿足，事實上是永遠不能滿足。

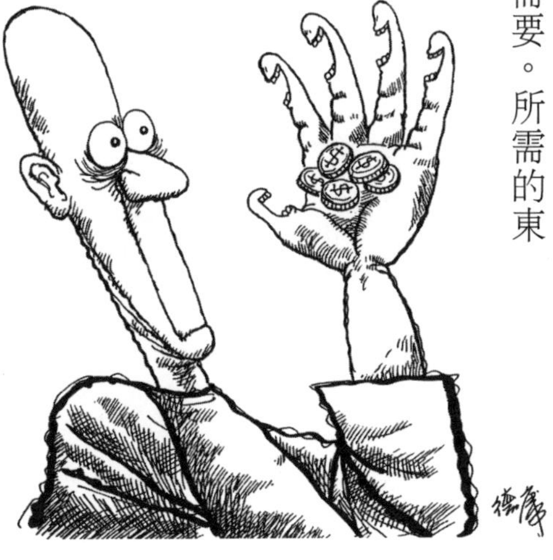

不愛不憂

不當趣所愛，亦莫有不愛；
愛之不見憂，不愛見亦憂。

——法句經卷下．好喜品

這首偈是說，不要拚命追求所喜愛的東西，也不要對迎面而來的事物有所厭惡。對凡夫而言，喜愛的東西不見了會憂愁，討厭的東西出現了也會憂愁。這是討論欣喜與厭惡的統一和對立，教我們不要在愛恨好惡之間掙扎，陷自己於矛盾痛苦之中。

人如果希望生活得快樂，對於所愛的東西盡量少一點，乃是沒有偏愛；最好也沒有不愛的東西。《六祖壇經》也勸人學習著「憎愛不關心」的心境，不要讓自己有瞋有愛，否則就是煩惱。瞋愛是相互關聯的，沒得到的想得到，追求時擔心得不到，得到了的又愁著會失去，心裡永遠有負擔，永遠沒有安定感。凡有所喜愛、有所

厭惡，就是有所困擾、有所束縛，不得解脫。換句話說，只要世上有一樣東西是你所喜歡的，或是你所討厭的，你就被它困惑了。欣厭交加，患得患失，便是痛苦的人生。

心胸豁達的人，應該養成超越於欣厭及愛憂的觀念，沒有非要追求到手不可的東西，也沒有什麼已討厭到非得除去而後快的事物。看到喜歡的東西、遇到喜歡的事物，要問一問為什麼喜歡？是跟自私的自我有關呢？還是與大眾的幸福有關？事實上，有的所謂喜愛及憂慮，根本沒有意義，也沒有道理，只是一時的風氣，或者是一時的興趣使然。因此，希望活得幸福的人，最好不要有愛或不愛的東西，也不要有或喜或憂的事物，應當練習隨遇而安、隨緣而動的修養工夫，環境需要自己怎麼樣，就怎麼樣去面對它、因應它，就可到處安心和安身了。否則對所愛的東西拚命追求而到不了手，對不愛的東西拚命排斥又揮之不去，都是很煩惱的事。

身心言行

節身慎言，守攝其心；
捨恚行道，忍辱最強。

——法句經卷下・忿怒品

此偈是說，把身、口、意的三類行為都好好照顧，對外來的刺激或攻擊都不起瞋恨心，就是行的正道，也就是忍辱產生的力量。「忍辱」是柔韌的表現，因為柔能克剛，所以是「最強」。

這四句話，把人的行為都點出來了，包括身體的、語言的、心理的行為。其中的心理行為最難約束，但也最須加以注意。心理行為收斂之後，身體及語言的行為也會隨之受到規範。

「節」是有分寸、有節制；「節身」是對人要有禮貌節度，不得有打殺、竊盜、邪淫等三種行為。

「慎言」是謹防口過，俗語說禍從口出，不可不小心，語言是用來做為人與人之間溝通、協調、交換意見等的工具。不該有的語言行為，便是以謊言騙人，以毒口傷人，挑撥離間，閒言穢語。

「守心攝心」是守住自己的心，不讓心念散亂，不僅不起邪念，同時要練習做到心口一致、身心一致，不論做什麼事、說什麼話，都把心放在那些事情上，把心放在那些語言上，即使在散步時，也不胡思亂想，或者專心走路，或者專心欣賞風光，那就不會有雜念、惡念生起了。心中經常保持清淨寧靜，遇到人時，你的身體及口頭也會隨之彬彬有禮了。

「捨恚」也是心理行為。「恚」是瞋恚、難過、憤恨、討厭、敵視。瞋恨心强的人，心理不平衡，理智也降低，發怒時不清明、不客觀，所認知的環境和所做的判斷可能是錯誤的，這種情況要靠容忍的修養來幫助。所以，調治瞋怒的最好方法是從忍辱下手，在有人故意激怒你時，最好專注於自己的呼吸，體驗呼吸在鼻孔出入的感覺。

古人說：「小不忍則亂大謀。」能忍一時之氣，可保百年之身，能沾到很多的便宜，得到很多利益。至少可以免了血壓上升，不致當場中風，省得自己那麼憤懣，可以保持健康的身心，同時也不會用惡劣的言行回應對方，就不致遭到更多的侮辱和更大的損失。忍辱者必多福，原因就是能忍的人彈性最大，所謂大丈夫能屈能伸，柔韌的人比剛强的人有更多的迴旋空間。表面看來忍辱是受委屈，其實那才是真正的勇者。

勿出惡言

夫士之生，斧在口中，
所以斬身，由其惡言。

——法句經卷上·言語品

偈子中的「士」字，是指一般人士、普通人士。言語用之不當，就如斧在口中，佛經裡往往形容惡毒的言詞為「口出刀劍」，凡是邪惡的、銳利的、譏諷的、刺激的、刻薄的、中傷的、得理不饒人的言語，都是殺人不見血的刀劍斧鉞。

許多人好逞口舌之能，享受快意直言之樂，但是有沒有想過：一句話就能使人受傷一輩子，一句話就能使人喪失自信心，一句話就能斷送一個人的前途……。有人說謊說得異常巧妙俐落，結果使他人蒙受損失，甚至要人喪家失命。惡語毒言的力量實在太強了！

「惡言」又名為妄語，是十惡中的大惡之一，有幾種類別：第

一，說謊、欺騙。第二，惡口、罵人。第三，挑撥離間。第四，無意義的、無聊的、挑逗的、唆使人做壞事的話。這些惡行，不僅佛教徒要避免，普通人也不能有，否則自招禍殃，也可能有人因你的言語而遭受損失災難，於心何忍？再者，凡是尖酸刻薄、隨口傷人的人，誰都會畏懼他，因為大家都不希望受到傷害。

在人的生命過程中，如果多積一點口德，少造一點口過，實在是培福求福的大功德。常使用柔軟語、關懷語、慈悲語，以欣賞的、讚歎的、勸慰的、勉勵的口吻對待人，雙方皆得利益。當然，在必要的時候以毒攻毒，用强有力的話才能驚醒夢中人。這是出於關愛心、慈悲心的作法。但必須考慮自己的身分、地位、雙方的關係，以及對方對你的信心夠不夠深切，萬勿隨便使用，正如非高明的醫生不能使用毒藥治病是同一個道理。

語言藝術

是以言語者，必使己無患，
亦不尅衆人，是為能善言。
——法句經卷上．言語品

此偈勸誡我們不僅不用惡言，更應常用善言。善言就是慈悲語、智慧語；而弘揚佛法、代佛說法、覆誦佛法，來幫助他人，也都是善言。善言必須是用言語助人，並且使被助的人不再用言語害人害己。這樣衍生出去，一人幫助二人，十人幫助百人，都是用慈悲語、智慧語來利益自己和衆生。所以說：「必使己無患，亦不尅衆人。」

當自己使用粗暴的、中傷的、譏刺的、攻擊的語言時，好像在發洩，感覺很痛快。其實那就是憤怒心、嫉妒心、失衡心的表現，本身就是煩惱。在這種心情下，自己已經遭受損失，何況對方可能

會報復，導致相互用語言殺伐。所以使用如刀似劍的言語，既害人又害己，非常不理智。我們該用禮貌的、尊敬的、讚歎的、輕柔的言語，對待所有的，甚至包括仇人和敵手。古人說君子反目不出惡言，君子絕交好聚好散，決不謾罵攻訐。這是一般人該有的基本修養，何況是佛教徒呢？

語言是道德行為，也是藝術的表現，用之得體，可以提昇人品，也可以受人欣賞。所以最好不用粗俗語、低俗語、流俗語，以免形成俗不可耐，那就違背了道德也遠離了藝術。

善言淑世

出言以善，如叩鐘磬；
身無論議，度世則易。

——法句經卷上．刀杖品

此偈的大意是我們說話要柔軟、慈悲，並且不要論人是非。這應該是待人處世的基本原則，很遺憾地，在日常生活中常有相反的情形發生。

「鐘」和「磬」都是打擊樂器，是在廟堂、寺院、佛殿上，用來集合大眾，用來隆重氣氛，用來肅穆儀禮，用來莊嚴會場，用來震懾人心、安定人心。鐘磬之聲雖然宏亮，但有穩定平和的功能，入耳有安心定神的作用，而且可以聲傳數里，能使很多人聽到，發人深省，使人對自己的內心更加清楚平靜。所以，形容賢者的善言善語，如鐘如磬。不論什麼身分，待人應該用欣賞的、勉勵的、讚歎的態度，對方才會感激、會認同；有錯會改善，好的會更好。

相反地，人身攻擊或議論臧否，常引起爭端是非，以致傷害別人、製造敵人。很少人沒有論人長短的毛病，人前說好話，人後做批評。有的出於嫉妒心，有的出於莫名其妙的無聊心態；不一定是誹謗，但就是喜歡談論是非。「靜坐常思己過，閒談莫論人非」是做人的基本修養。僅僅不論人是非、不做人身攻擊還不夠，應該更進一步用柔軟語、慈悲語、讚美語、勉勵語、安慰語等與人廣結善緣。

最後一句「度世則易」，即是善言淑世，有兩層意思：

1. 如果以善意出善

言，這種人容易被他人接受；2.如果不攻擊人而成就他人，不誹謗人而讚歎他人，不打倒人而幫助他人，這種人能使社會安定、世界祥和。

民主社會，每到選舉期間，常見參選的人彼此之間，各人為了凸顯自己的聲望而把對方說得一文不值，甚至豈有此理。如果選舉遊戲非有不可，為什麼不用卓越的施政方案來爭取選票，而要用人身攻擊的批評謾罵來羞辱政敵呢？

貪為苦本

諸苦所因，貪欲為本；
若滅貪欲，無所依止。

——法華經卷二・譬喻品

此偈是說，各種痛苦煩惱的根源是貪欲，如果把貪欲的問題解決，就等於拔除了苦果根源。可見「貪」是眾生眾苦之本，若不先治此病，便永遠在苦海中浮沉。

此偈點出，貪欲是一切痛苦的原因。貪欲的意思是人家有的，渴望著自己也有；已經有了的，還想要得更多。所謂人心不足蛇吞象，取得基本的生活所需，不名為貪欲；只是想要而超過需要，便叫作貪欲。人的欲壑難填，不僅追求五欲的當下享受，還想擁有更多五欲的資產，以備永遠享受，那就會產生患得患失的痛苦了。譬如一男一女的婚姻組合是需要，不會造成太多問題，兩男一女的感情會有麻煩，兩女一男的感情也會有糾紛。在物欲方面，凡是過了分的追求和占有，都是貪欲，不僅造成心理的負擔，也為人間的倫理所不許，不但造成他人的不便，也為自己帶來痛苦。

許多人覺得，為自己謀取名利、財產和愛情的滿足，是人人都有的基本權利，也是鼓勵人力爭上游的動力。所以人的貪欲，能給自己帶來享受以及安全的保障。其實貪欲心愈重的人，愈沒有安全保障，為自己帶來的不是安樂，而是不安和痛苦。擁有的愈多，愈需種種的安全設施，安全設施的需要愈多，即表示著沒有安全。所以物質方面的少欲知足，能為你營構安定的心境和安全的處境。少欲不是什麼也不要，而是有的多也知足，有的少也知足。知足不是懈怠懶惰不事生產，而是安於自己能得到的和所得到的，並且常常有餘裕，分享給他人。

若把貪欲的念頭及行為，從少欲知足而進步到離欲無欲，苦的原因就沒有依止了，也不會為自己製造苦惱，為他人帶來困擾了。

好比樹倒了，棲息於樹上的猢猻就散了；蜂房廢棄了，蜜蜂也不見了。古代的智者、賢者，安貧樂道，而且還能濟世利人，便是少欲知足的結果。乞丐武訓，一無所有，卻能創辦義學。出家人一切屬於十方，沒有私人財產，但在自修自利之外還能利益他人。多貪多欲的人，縱然富甲天下，還是無法滿足，等於是個窮人；經常少欲知足的人，才是無虞匱乏的富人。貪欲重的人，表面上可能擁有很多的財富，其實他們擁有的是痛苦的根源而非幸福的靠山。

當然，擁有名位財富，並不即是痛苦的根源，如果貪欲不已，不擇手段而唯利是圖，便是諸苦的原因。

有子有財

有子有財，愚惟汲汲；
我且非我，何憂子財。

——法句經卷上・愚闇品

許多人有了子孫、有了財富，整天還是汲汲營營放不下；其實，這個「我」都不是永久屬於自己的了，又何必為子孫、財富憂慮？這種情況大概是很多人想不通的。

這四句話所表示的，跟一般人所追求的，所認為最可靠的東西，正好形成對比。「養兒防老，積穀防饑」是傳統中國人的觀念，希望老了有兒女奉養，死了有兒孫祭祀，並且傳宗接代，香火不絕。財產則是生活的保障、安全的倚靠，俗語說有錢能使鬼推磨，有了財富即有權勢，因此，不僅今天要有財產過日子，明天也要有財產過日子；不但自己活著要財富，兒孫也要靠財富活下去。

尤其是有吃、有穿、有房子住仍不夠，還要吃得精細、穿得漂亮、住得豪華。所以「多子多孫多發財」的吉祥話，人人愛聽。

但兒孫是不是可靠？財產是不是有用？所謂「富貴不過三代」，財產多了，雖讓後代子孫，無凍餒之虞、無後顧之憂，卻往往養成揮霍無度、懈怠放逸的習性，把財產用來做糟蹋自己又無益於他人的壞事，成為敗家子。

若從整體社會的觀點看，人的財產應該積蓄在眾人群中，也就是能為大眾做貢獻謀福利。中國古人主張，積善之家必有餘慶，積了陰德，後代子孫也可受益。祖上積德在人群之中，世世代代的後人，都會感懷追念，一般人對其子孫也會起感謝、尊敬之心。佛法相信永遠的三世因果，若將財產做布施功德，便成無盡。所以積財不是只為自己的房屋、土地、存款、股票，汲汲營營，而是要盡自己之所能所有，積蓄在社會大眾的公益公德之中。子孫及財富，生不曾帶來，死無法帶走，雖有功德，無人爭奪，無法破壞。

「我且非我」是指「我」的存在，不出於生命現象所擁有的價值觀念，當你一旦面臨生離死別之時，便會發現這個自我是非常虛幻的，生命及財產都不屬於永恆的自我，兒孫亦非屬於自我的支配，既然終究無法支配，那又何必為了財富及兒孫擔憂！

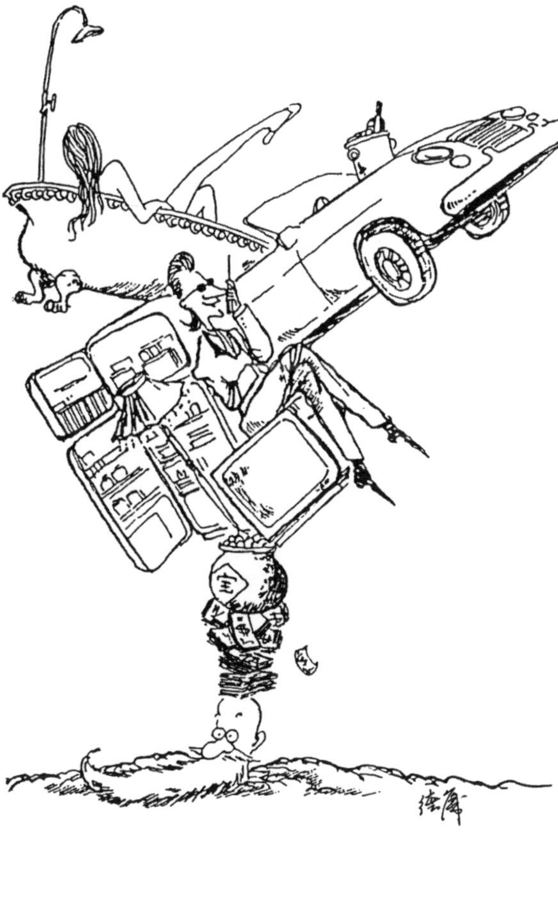

不是不要財富，財富經營得當，能夠莊嚴福德；不是不要兒女，兒女教養得當，能使父母成長。善於理財者不為財累，優於育子者不為子苦。

學習觀音

眾生被困厄，無量苦逼身；
觀音妙智力，能救世間苦。
——法華經卷七・觀世音菩薩普門品

很多佛教徒在遇到災厄時，會祈求大慈大悲的觀世音菩薩來解救，其實，我們自己平常也應該效法學習觀世音菩薩的慈悲精神，這才是更積極的離苦方法。

根據佛教經典記載，讓我們知道觀世音菩薩救苦救難，而且無一處不往、無一人不救，他隨時隨地會予眾生幫助。如果眾生自己忘了念觀世音菩薩，他當然不會現前，你的心中一定要有祈求，觀世音菩薩才會因應前來。有一個譬喻是這麼說的，眾生與佛菩薩的關係就如叩鐘的人與鐘的關係相同，叩鐘的人用的力量愈強，鐘的聲音愈響；如果那口鐘沒有人去叩撞它，不論它有多大，什麼聲音也不會發出來，這是感應之間的關係。所以一定要對觀世音菩薩有信心，時時處處要念觀世音菩薩的聖號。如果要等到苦難臨頭時才想到祈求觀世音，可能也有用處，這叫臨時抱佛腳，會有它的功能。不過若是平時不修行觀音的慈悲法門，等到情況非常危急之時，恐怕已想不到要念菩薩名號了。

因此，對觀世音菩薩的信仰，不能僅僅於災變、疾病、急難之際，求觀世音菩薩幫忙，也該效法觀世音菩薩，學習著變成觀世音菩薩的化身代表，去幫助苦難中的眾生。如果自己經常學習觀世音菩薩，雖然尚不是大菩薩，也能夠為他人做消災免難的救濟工作。若能為他人救苦救難，自己的苦難也就不成為苦難了。唯有身體力行，才能體會出菩薩的智慧卓越，菩薩的慈悲偉大；由此也能逐漸培養自己的慈悲心，增長自己的智慧心。當你體會著菩薩的智慧和慈悲的時候，不僅能為他人解救苦難，跟自己過不去的事也少了，為自己造成的困難危險的因素也少了；即使發生困厄或生命危機，也會用觀世音菩薩慈悲的力量和智慧的觀點來解決問題。

這是雙重救濟，一方面用觀世音菩薩的精神來幫助他人，同時學習著用觀世音菩薩的智慧協助自己；接下來不需要觀世音菩薩幫忙了，自己可以解決困難；最後不僅自己沒有困難，而且能夠專門幫別人解決困難。

做人原則

貴而無智則為衰，智而憍慢亦為衰；
持戒之人而毀戒，今世後世一切衰。
——大智度論卷十三．釋初品中尸羅波羅蜜義第二十一

這個偈中為我們指出：權貴中人沒有智慧，智慧之人心生驕慢，持戒之人不守戒律，這三種人的下場都不會好，這也可以看作是做人的原則。

「貴」是身分高貴、地位高貴。有人出身名門，因祖上餘蔭而貴；有人後台可靠，藉他人之勢而貴；也有人因財富而貴，因權勢而貴；也有人因為助人脱離苦難危險而被尊為貴人。不論這高貴的身價是由於自己努力得來或憑藉他人靠山而有，如果貴而無智便不算貴人。擁有財富權勢而沒有智慧來善用財富權勢，為天下人營造幸福，便成土豪劣紳，便成守財奴，便成為富不仁，便成惡官行惡

政。智慧是公而忘私，是捨己而從人，是對是非曲直、利害得失、公私內外、上下左右都分得很清楚，且能當機立斷、明察秋毫。如果有財勢權勢而無智慧，則被人瞧不起，高貴的地位也可能保持不久；縱然此生可以保住，身後英名不保，前途多苦，甚至遺禍子孫，遭人不齒。這是衰的意思。

「智而憍慢亦為衰」，這跟貴而無智不同。有人得少為足，有些小悟境，便起增上慢；有人恃才傲物，認為自己才氣縱橫、高人一等，在任何場合都覺得是鶴立雞群而自高自大。憍慢是驕

恣傲慢、目中無人。其實這種人僅有小聰明而不能謙虛，不會受到尊敬和擁戴，以致懷才莫遇，覺得世人皆醉我獨醒。他不能接受社會，社會也不能接受他；往往消沉悒鬱或憤世嫉俗，最糟的可能走上玉石俱焚、自毀毀人的絕路。

倘若「持戒之人而毀戒」，對一個修道人而言，他的今世後世一切都不必談了。這是告誡佛教徒一定要有行為的準則，不可做的不能做，必須做的非做不可。這叫持戒，否則，不僅現在受人輕視和批評，來世也將受惡報。一般人也可用到這個準則，在任何團體中，必須遵守該團體的規則和倫理。若該負的責任不負，所行之事有損團體的形象和榮譽，當時固然得不到好的結果，甚且由於因果的關係，在未來的生涯中也可能會受到很多的影響。

目不邪視

寧以赤鐵，宛轉眼中；
不以散心，邪視女色。
——大智度論卷十四．釋初品中羼提波羅蜜義第二十四

從字面看，這是說寧可把火熱的鐵塊放在眼睛裡，也不要以邪念去看女色，似乎是把女色看成極可怕的事物。佛教對女性如何定位，對兩性關係是否重男輕女呢？

這是對出家比丘的教誡，因為出家人最重要的生活守則，便是禁絕男女的性行為，所以非關重男輕女的觀點。不過，如果已對佛法有了相當認識的一般人，已對菩薩精神能夠體會的在家居士，也會養成這種的人格修養。此處最要緊的是說，不應邪視女色，未說必須厭惡女性。

一般人的經驗，眼中進入一粒沙子，都會痛苦不堪，更何況此

偈是用燒紅了的鐵塊，在眼中轉來轉去，這種痛苦可想而知；而用散心邪念去看美麗的女人，其結果所受果報，可能更比赤鐵在眼中宛轉來得嚴重。這不是講女人不好，不是講女色罪惡，而是因為自己是修道的人，如果念頭不是放在利益眾生或關懷眾生的立足點，卻以邪念去看面前的美色，這是犯戒的行為，跟著來的可能發展出更可怕的結果；為了堅定持戒的誓願，所以要下如此的決心。

同時，任何人若以神不守舍的心情，再以邪惡的眼光看人，便是不尊重自己的品格，也是對於對方的不敬，女性也是人，豈可以

邪念邪視她們。倘若以邪念看女性，接下來可能對於當前的女性，造成更大的傷害；一個出家的比丘，到了這一地步，不僅他自己失去了出家人的身分，也對全體出家人的形象帶來無法彌補的損失！

即使是在家的男性，如果是有教養的君子，也不應以散心邪視女性，不論美醜，當以莊重禮貌的態度相待。為了防止欲念的衝動，在與美豔的女性相遇之時，不妨把年長於己者視作母親或胞姊，年少於己者視作女兒或胞妹，乃至將之看作是來救助自己的觀世音菩薩的化身，那就不致有邪思綺想了。

其實，女人也愛看美色，不僅愛看俊男，也愛看美女。也有女性會以挑逗的眼神看男人。因此，如果釋迦牟尼佛教誡女性的出家弟子，應該也會說「不以散心，邪視男色」了。問題不在於女色與男色，乃在於邪視與正視。

蓮華功德

柔軟慈心根，無上大悲莖，
功德葉智華，持戒為妙香。
——六十華嚴經卷四十三．離世間品第三十三之八

以大慈為根，以大悲為莖，以功德為葉，以智慧為花，持戒則發出微妙的香氣。《華嚴經》以植物來比喻菩薩，具體而生動，一般人也都可以自我期許的。

這個偈子是用蓮花做比喻。佛經中說，諸佛菩薩的世界叫蓮池，並且形容諸佛菩薩的出生是蓮花化生。一般凡夫是父母所生，是血肉之軀。這四句偈，也是形容佛和菩薩的心境、智慧及其行為所產生的影響力，給人美好、可親的感受。

什麼樣的人會受到眾生熱誠的歡迎呢？是佛與菩薩。人間有沒有這種人呢？有！有的在片段的時間會表現出來，有的在一生之中

一直默默奉獻而未張揚。有的名氣大，有的籍籍無名，直到他做完了、離開了或過世了，影響力依然存在，才讓人發現他的偉大。這些人，都可以被看成是佛菩薩的化身，或者在學習佛菩薩的精神。

「柔軟慈心根」，柔軟與剛强相反，佛法說柔軟比剛强好，慈悲比憤怒好。柔軟能動人、感化人，而且本身不會受傷；剛强的人一時可能占到便宜，但時間一久必傷己傷人。我們學習佛菩薩，以柔軟態度、慈悲的心腸做為處世待人的根本，必能廣結人緣，博得社會的依賴。

「無上大悲莖」，莖是蓮花從根部到花葉之間的幹部。根在水底泥下，不顯現於外；莖則在泥上，從水中伸出水面，也就是形容菩薩的慈心蘊於內而悲心現於外，故以大悲來稱救苦救難的觀世音菩薩。

「功德葉智華」，這裡講的功德，主要是做布施，即是以慈悲心結眾生緣、幫眾生忙，做一切對眾人有益的事。好比紅花當以綠葉相配，蓮葉出了水面，是為了與蓮花相配；慈悲功德，是從無我的智慧產生，智慧燦爛鮮美，功德莊嚴殊勝。蓮花不能離開根、莖、葉而單獨存在，象徵著悲智必然是相輔相成。

「持戒為妙香」，蓮華代表佛菩薩利益眾生的功德莊嚴，那就是慈悲及智慧的功能，對於他人的影響，就像是蓮花的芳香。而此微妙的芳香，是從諸佛菩薩的威儀戒行中表達出來。菩薩持戒有兩層意思：1.應該做的一定做，2.不該做的絕對不做。這種人是大善知識，是人間的善友，為大眾所喜親近。

一般人雖不是大菩薩，但是這種悲智及持戒的心行，是可以學習的。

做人本分

不應作而作，應作而不作；
悔惱火所燒，後世墮惡道。
——大智度論卷十七．釋初品中禪波羅蜜第二十八

此偈是說，不該做的去做了，應該做的卻不去做，這兩種情況都會使人後悔，若犯了嚴重的錯誤，今生後世都會面對惡劣的環境。可見謹守做人的本分是很要緊的。而什麼是該做，什麼是不該做，一定有其準則。

如果沒有自己的中心思想，沒有一定的信仰和方向，就不知道什麼是該做、什麼是不該做。但什麼該做、什麼不該做，不能由主觀立場做決定，需要智慧做客觀的判斷。如果僅憑主觀立場，不該做而做，該做而不做，則很可能是自私自利、損人利己的行為。其實自私而不損人的話也不算壞，自私是為保護自己、成長自己、

為自己做種種安全措施打算，自己才有生存發展的空間。但僅從主觀決定應做或不應做，對他人而言，並不一定公平。若為全體所需要而做，或為全體的利益著想不應該做就不做，那便是客觀的標準。但在個人判斷之下，認為什麼是大家所需或什麼是大眾所不需，也是主觀，雖然自己覺得在為大眾設想，其實還是出於個人的成見而已。存心是為大眾設想，做出來的事卻可能損害大家，所以個人的判斷不一定可靠，必須參考大眾的意見，才可得到比較客觀的標準。

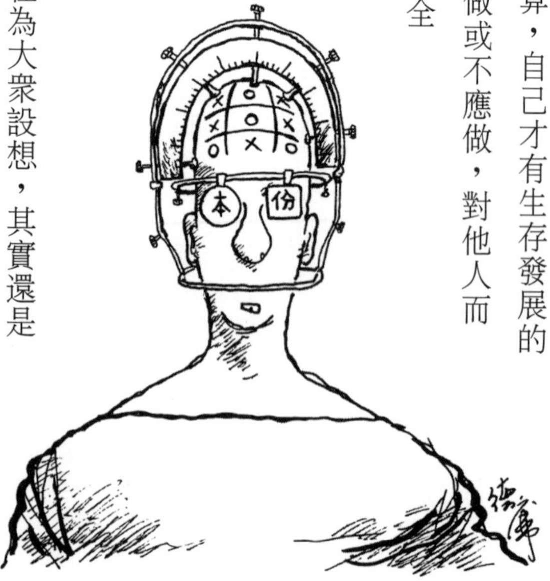

社會團體共同的制度規章、風俗民情，許可我們做的、要求我

們做的，叫作該做，而且必須要去做，否則叫作不該做，而且不能做。例如佛教的戒律，在佛的時代就是因人、因事、因地而有不斷地改動，但有一個不變的原則，便是保證身、口、意行為的清淨健康，便是順應化導當時當地的制度規章及民情風俗。

如果應做而不做，不應做而做，會使你於事後生悔恨起煩惱，可能因此而把功德燃燒了，把前途毀滅了，今生受苦難，後世墮惡道。如果堅守原則，應做而做，不應做不做，便是行的菩薩道，不僅不墮惡道，而且永遠在人間，是現成的菩薩。

勇猛向前

若欲求除滅，無量諸過惡；
應當一切時，勇猛大精進。

——六十華嚴經卷五．菩薩明難品

此偈是說，我們在任何時間，都應當以勇往直前的信念和毅力，盡可能地避免隨時都可能發生的無量過失。

儒家的聖賢君子，聞過則喜，知過必改。人生在世，有功有過，只是每一個人往往記得自己有功，很少反省有過。此偈認為人之有功是應該的，人如犯過，必須要改，否則就要愧對於人之所以為人的本分了。卻有不少人以為：「人人都犯過，自己也犯一點過，沒有什麼了不起。」那是自甘墮落的心態，很不健康。一想到自己做為一個人的責任，就應產生精進心，這不是因為恐懼犯了罪過要受懲罰的關係，而是珍惜可貴的人生，珍惜現在的因緣；錯過了機會，就很難說什麼時候再有這種努力改進自我、成長自我的因緣了。

有人說，做學問如逆水行舟，不進則退。事實上，無論做什麼事，不能進步，便是退步，縱然保持原地踏步，若跟繼續前進的人相比，你已成了落伍。一個人的體力、財力，以及所能運用的各項資源，一定有其極限；一個人的信心和願心，則可以是無限。所以不能由於生命的資源有限，便放棄了努力，特別是在

人格的修養方面，只要有一天尚有煩惱，乃至極其微細的妄想雜念未除，總得繼續精進。凡是發覺自己，往往心不由己，甚至身不由己地輕舉妄動，就該生大慚愧，起精進心。雖不能做到一切時中都能勇猛精進，至少要比完全不想自我檢點的好。

不計功德

善分別眾生，而無眾生想；
善解一切語，而無言語想。
——六十華嚴經卷九．初發心菩薩功德品

菩薩善於了解一切眾生的各有所需，但在菩薩心中，並沒有「我度眾生」的想法；菩薩明瞭一切言語的語意所指，但在菩薩心中並沒有「我有話說」的想法。

一般人能夠為社會大眾服務，為國家民族獻身，已是難能可貴的事。功成名就而不居功、不念功的人，表面上會有，打內心起則極少。建功而未獲得適當的酬勞褒獎，甚至像岳武穆那樣精忠報國，反遭殺身之禍，不僅當事人的心有不平，旁觀者也會覺得遺憾。當作戲劇欣賞，能夠動人心弦；當作人生的現實來看，毋寧是痛苦的災難了。因此，人間的不平，需要用佛法來撫慰疏導。

因為諸佛菩薩，必先受苦受難，才能為衆生救苦救難，他們不論是受苦受難或者救苦救難，都是出於心甘情願。不要以為諸佛菩薩廣度衆生是無往不利的，就像父母照顧兒女成長的過程，樣樣乖巧、事事孝順的兒女是極其難得的，若想做個稱職的父母，必須付出千辛萬苦的耐心和愛心。若想做個夠好的父母，是不能期待兒女回饋什麼的，只有一心盼望兒女的成就比自己更高更好，那就心滿意足了；萬一生了幾個怎麼愛護培養也不能成材成器的兒女，就會牽腸掛肚一輩子，一直到死為止，還是放心不下，那就最好來看看佛法是怎麼說的罷！

學習佛菩薩的態度，恰到好處地幫助衆生，這是應該做的；盡心盡力去做之後，有的衆生會感恩圖報，有的改善了情況，有的於事後又恢復原狀，而且一再地扶起來又自己跌倒了，有的衆生不僅不領你的恩情，甚至反過來恩將仇報。而佛菩薩因為早已對於衆生的習性，了解得非常清楚，所以不會介意衆生的反應，不論是正是負，或有或無，都可以一概不放在心上。

至於「言語」，是用來做為與人溝通的工具，智者為了利人，必須學習，必須精通。但是言語畢竟不是它所表達的那些事實真相。連帶著凡是用言語的符號所組成邏輯理論，雖然可以幫助我們獲得知性的能力和各種各樣的訊息，但它不是真理的本身，不能執著，否則又可能被言語的觀念所困而當作武器來自害害人了。

發菩提心

一切功德中，菩提心為最；
能得無礙智，從佛法化生。
——六十華嚴經卷九．初發心菩薩功德品

此偈是說，在一切功德中，發菩提心是最大的功德，由此可以得到無礙的智慧，那是從實踐佛法衍生出來的結果。

「菩提心」，又被譯為道心，是因為見到眾生受苦而情不自禁地生起一種慈愛心，一種捨己而救人的悲願心。此在一般人之中，也會發現類似的故事，在我的學生之中，曾有一個女孩子，由於母喪父病，便夜以繼日地打工做家教，照顧父親，維持四個弟弟妹妹的生活及學費，一直等到她父親病故，弟弟妹妹都能獨立時，她已是三十多歲，才想起再返學校讀書。

菩提心的著力點，是時時刻刻想到許多人的苦難和需求，時時

刻刻以成就眾生為他的使命。例如釋迦牟尼佛年輕時，正在王宮裡過著王子的豪華生活，卻發現了人人都有生、老、病、死的四種苦難，又見到眾生界有相鬥相食的殘酷景象；因此生起了要為人類、為眾生，尋求離苦得樂的真理，尋求和平相處的方法，便捨棄王宮的生活，到處尋師訪道，最後自悟自證，完成了最高的人格，開發出最高的智慧；接著就用他的智慧，為人間做普遍而平等的救濟。這便是發菩提心的模範和榜樣。無怪乎此處要說，一切功德中，菩提心最重要，也是最大的功德了。

發了菩提心的人，便不敢懈怠，不會傷害眾生，也不會自尋煩惱。因為在他的感情中，眾生的事最要緊，只要尚有眾生在受苦受難，就等於他自己在苦難中掙扎。由於衆生愚昧，不知道用佛法來治療心中的煩惱，以致自我傷害，彼此殘殺，因此需要發了菩提心的人，來讓他們身有所安、心有所寄，疏導他們脫離貪欲、怨瞋、恐懼等煩惱的苦海。這種人能以有限的生命發無窮的悲願，常做不求回收成果的功德。

有菩提心的人能得無礙的智慧，原因是，無私的人，必定是光明磊落的智者。同時，為了能夠幫助更多的人，必定要不斷地充實知能、開發智慧。

假戲真演

眾生虛妄故，是佛是世界；
若解真實法，無佛無世界。
——六十華嚴經卷十四．兜率天宮菩薩雲集讚佛品

此偈是說，當眾生生活於虛妄之中時，要告訴他們，有諸佛及諸佛度眾生的世界；當眾生明白了什麼是究竟的真實之時，他們就知道，既沒有諸佛也沒有諸佛度眾生的世界。

換言之，對於虛妄愚昧的人們而說，是有佛有世界的，對於已開慧眼的人們而說，佛與世界都不是真的。

這觀念的正反兩面，都不是真實的存在，如果不了解的話，以為是消極；了解的話，便是積極；誤解的話，就會覺得這樣的人生太沒意思了。

「虛妄」如戲劇，不論是演戲或看戲，都知道那是在表演，不

是事實。所以演員出場時演得非常逼真，到台後他的心情便不是台上的那個人；看戲的人欣賞演出時可能會被劇情感動得熱淚盈眶，離開戲院後，也會清楚那是一場精彩的表演，而且知道自己根本就是那一齣戲的局外人。因此，不論是演戲或看戲，都不會被戲中的情節困擾。

常常有人說「人生如戲」，這也是看出人在生命的舞台上，歷盡悲歡離合，嘗遍喜怒哀樂，到頭來曲終人散，便從舞台上淡出。可惜人生的舞台，沒有前台後台，演戲的人就不知道自己是個演員，因為既不知是怎麼出場上台的，也不知道何時退出舞台，更不知道後台是在何處以及淡出舞台之後是什麼情況，所以不願意接受人生如戲這樣的事實，也無法承認人生是虛妄這樣的觀念。

不管大家怎麼看待我們的人生現象，你、我、他，沒有一個人能夠在舞台上永遠演下去的；再以為那般真實的人生，也無法永久擁有它。這就是說，事實就是虛妄，虛妄才是事實。

有你、有我、有他、有佛、有世界，都是虛妄的；無你、無我、無他、無佛、無世界，才是真實的。不過，唯有假戲真演，再以超然的態度欣賞逼真的假戲，才能成為一個積極灑脱而且幸福的人。

善財四德

成就直心性，具足智慧性，
嚴淨世界性，度脫眾生性。
——六十華嚴經卷五十八．入法界品第三十四之十五

這四句話是彌勒菩薩讚歎年輕的菩薩行者善財童子的功德，說他已成就了直心，具足了智慧，淨化世界，普度衆生。這些功德也正是修菩薩行的每一個人都應努力的項目。

在這四句話中都有一個「性」字，既是四德的特性，也指的是由諸佛菩薩的智慧所見到的一切現象的本質，都不離空性。一方面說善財有四種德性，另一方面透過佛菩薩的智慧來觀察，沒有一樣東西是一成不變的，也沒有一樣東西是永遠存在的，這就是「空」。

這個空不是相對於「有」的空，不是「有」和「無」對立的空，而是超越空有的空，是不即不離而又不執著任何一邊一點的空。

「直心」的意思是事實如此，照實際的情況來判斷。不用猜測，不用想像，不用猶豫，不加入自我中心的各種背景，如生活背景、知識背景、性格背景、利害現實的背景等等的成分。撇開這些東西來看一切現象，就叫「直心」。一般人會認為這很難得，但也不是做不到的，只要願意學習，便可做到。

換言之，直心就是無染無私的公正無我的心。若能少一些自我的偏心，就多一些無私的直心。

「智慧」是心的反應功能，對自己不起煩惱，對他人絕對客觀，做判斷時超越主觀及客觀。智慧本身也不是一樣可以捉摸的東西，沒有一定要做什麼，沒有一定要表現什麼。大智若愚的人，不會自以為有智慧，他只是恰到好處地應對處理各種需要應對處理的事。

用智慧和慈悲的功德來莊嚴世界、淨化世界，即如維摩詰居士所說「心淨佛土淨」，他自己的內心清淨，衆生受其感化而使衆生世界也清淨。莊嚴清淨了世界等於沒有莊嚴清淨世界，也沒有這樣的世界存在。不執著，所以空。

前述的「成就直心性」也好，「具足智慧性」也好，「嚴淨世界性」也好，都是為了「度脫眾生」。諸佛菩薩發願永遠度眾生，永遠成就眾生，把環境準備妥當讓眾生受教育、受感化而離苦得樂。度眾生之後，既不覺得自己度了眾生，也不認為有眾生被度。這種精神意境很高，但也不是不能學習成功，因為諸佛菩薩也是由一般人修成的。

第四篇　不死之藥

生命有限

是日已過，命則隨減；
如少水魚，斯有何樂。

——法句經卷上．無常品

一般人對這四句話的解釋，常常偏向於悲觀與消極，對生命的消逝，充滿了無可奈何。其實不然，佛法所謂的無常，是具有警惕的作用，能讓我們時刻心存危機感，激勵我們要珍惜光陰，並且善用有限的生命，來成就無限的慧命和功德。

古人說：「一寸光陰一寸金，寸金難買寸光陰。」光陰也就是人的生命，比世間的任何寶物都值得珍惜。從出生到死亡的過程中，如果把每一口呼吸相加起來，即使活到一百歲，也算得出總共有幾口氣，絕非是天文數字；更何況很少人能活到一百歲。由此可知，生命的確是很有限。

這個偈子警惕我們，今天已經過了，壽命又減少了，好比魚活在些許的水中，而且水愈來愈少，不久就要乾涸。魚和水相逢是很快樂的，得其所哉是一種享受；一旦水逐漸消失，魚還有什麼歡樂？也就是說，死在眼前，還不珍惜生命！

不過，這不是叫我們及時行樂，反而是要趕快精進於智慧和慈悲的增長，並且對他人全心全力奉獻。唯有珍惜生命，才會腳踏實地，才會努力，否則會懶惰、放逸，得過且過，

在無聊的狀態下，悠悠忽忽，白白地空過了一生；而當生命結束的時候，還不知道人生是怎麼一回事。因此，修行佛法的人，對自己所擁有的生命是非常寶貴和感恩的，不會輕易浪費。

恭喜發財

信財戒財，慚愧亦財，
聞財施財，慧為七財。

——法句經卷上．篤信品

中國人在新年見面時都會說恭喜發財，發的是物質的、有形的、有限的，而且很不可靠的身外之財。所以佛說財產為五家所共有，即是水、火、盜賊、惡政、不肖子；這五種因緣隨時隨地會把身外之物的各種財產，在一夜之間化為烏有。

因此，佛法教人重視的是「七聖財」，即是信、戒、慚、愧、聞、施、慧等七種道德的、心靈的、精神的、永恆的財產。

「信」是自信，知道自己有所能有所不能；是信人，用人者不疑；取信於人，對人誠實不欺。「信」也是宗教的信仰，一般宗教信仰神或上帝。佛教徒則信仰佛、法、僧三寶，相信三寶能指導我們的人生方向和安身、安心的方法。

「戒」使我們在生活上不糜爛、不狂亂，維持規律，保持健康；在語言行為和身體行為上不自害害人，不當做的不得做，當做的不得不做。

「慚」是知道自己有所不足，自知當行善而尚未行善，不當作惡而做了惡業；知道自己的行為應該更好而尚未做到，便有慚於己，當力求改善。

「愧」是自省對於別人未能盡責負責，而覺得遺憾對不起，因此要提醒自己，全心全力地關懷人、幫助人、有益於人、感恩於人。

「聞」是聽聞佛法和一般學問，所謂「活到老、學到老、學不了」，養成隨時隨處博學多聞的習慣；除了專業的學問，也得無限地拓展通識的胸襟視野。

「施」是給予，《新約》曾說：「施比受有福。」老子說：「既以予人己愈多。」佛說：「布施功德，第一功德。」有東西可以布施，表示你已有福；想布施而有所不足，就要努力增加物質的、體能的、智慧的財富，因此在布施的過程中，自己先有了財富。

世上最可貴的是「智慧」財，最貧窮的是因為愚蠢而貪得無厭。如果有智慧，不但自己不起煩惱，而且能為別人解決問題，所以智慧對修行人和一般人都很重要。再說，用體能賺錢很有限，若用智慧賺錢則是無限的，可以四兩撥千斤，也可以化腐朽為神奇。這不是最好的財產嗎？

佛法雖也主張增加物質的財產，但更重視信、戒、慚、愧、聞、施、慧這七種聖潔的財產。

珍重人生

得生人道難，生壽亦難得，
世間有佛難，佛法難得聞。

——法句經卷下．述佛品

此偈是說：生而為人不容易，做人而長壽也不簡單，生於世間能遇到佛很難，遇到佛又能聽聞佛法則更難。如果這麼多的難得而得，正好都加在一起，實在很幸運了。這是勉勵我們，應當珍惜難得而已得的機遇，否則稍縱即逝，追悔莫及。

這四句話強調人身可貴，壽命無價，有佛難遇，佛智難得。

有人認為生命或生存是一種無奈或折磨，也有人主張應當盡情冶遊享樂。這兩種人的人生態度：一是厭世、一是玩世，都不太好。人的生命就是一項福報，若能得到健康的身體，且能活過一段較長的時間，實在是幸福的事。佛看一切動物，都有佛性，都是現在的眾生，未來的諸佛。但在一切眾生之中，唯有人的身心，可以做為修道的器具，其他眾生都不具備修福、修慧的條件。唯有人類，有禍有福，有苦有樂。災難及苦難的磨鍊，所以引起危機感，生起警惕心，改過遷善，悛惡向善之心，也由此而起。因此，人比其他類別的眾生幸運得多；既已獲得人生，便要好好地運用。

得生為人而又能長壽，也很難得，長壽即是福，不是用來享福，而當用來培福種福，可比短命的人多積福德、多長智慧，自利利他的機會也相對增加，因此更要以感恩之心來珍惜自己的壽命。

世間要有佛出現很難，釋迦牟尼佛住世，已是兩千五百數十年前的事，幸好他留下了佛經，讓我們依舊有佛法可用，但這也不容易，即使有不少人不遺餘力地弘揚佛法，世界上能聽到佛法又願意接受佛法的人仍然不多。有人信了佛但並不了解佛法，不能如法修行，無法以佛法解決煩惱，也無法用佛法幫助別人處理問題。

這個偈子是要我們珍重且充分地善用人生，來成長、充實、奉獻自己，用佛法的觀念和方法來淨化自己和淨化人間，才不辜負生而為人的此一人生。

不死之藥

戒為甘露道，放逸為死徑，
不貪則不死，失道為自喪。
——法句經卷上・放逸品

這個偈子，是提醒我們要珍惜生命的價值，善用生命，生命的價值便能成為永恆。

現代的臺灣，流行著一句話：「只要我喜歡，有什麼不可以。」這是放逸頹廢不負責任的觀念。

「甘露」是印度的梵文，中文叫作不死藥。「戒為甘露道」是說：持戒是生路，能使人真正不死；死的是肉身，精神的生命、功德的生命不會死亡，可以帶到久遠的未來，持續地成長，直到成佛為止。

不放逸等於持戒，有益於眾人的事必須做，有益於眾人的話必須說；有害於衆人的事不要做，有害於衆人的話不要講，這樣的話，可使自己身心平衡，長保健康。「放逸」是恣意放蕩、行為不檢、狂賭、濫嫖、酗酒、日夜狂歡、男女行為不節制、飲食無節度、生活起居沒有規律、損人害己……。這種人易招致短命早死的橫禍，而且可能死得很慘痛。

「貪」是貪得無厭，是為了自己過得更快活、物質享受更多些。貪欲之苦，如飲海水止渴，愈飲愈渴，所以貪的作用是一切煩惱的根本，貪不到就會瞋，貪與瞋是一體的兩面，有貪有瞋，便有無盡的煩惱跟著發生，如果沒有要貪要瞋的人、事、物，一切煩惱便無從生起，自然得到平安。

「死」有兩層意思：一種是因放逸而自掘墳墓，走上死路；另一種是精神生命的腐朽或消失。精勤努力，為衆人做奉獻，永遠活在衆人的心中，活在文化歷史中。就佛法來說，佛教徒藉著佛法的指導，若以無私無我的立場和觀點持戒修善行，能夠成為福智圓滿的佛陀；若以有我的果報觀點，持戒修善行，則能得享安樂的福報。

死或不死，並不單指肉體的生命，也包括精神的、功德的生命。持戒不但能使我們現生健康長壽，也使無形的生命不斷延續；相反地，放逸只會使這兩種生命提早毀滅而已。

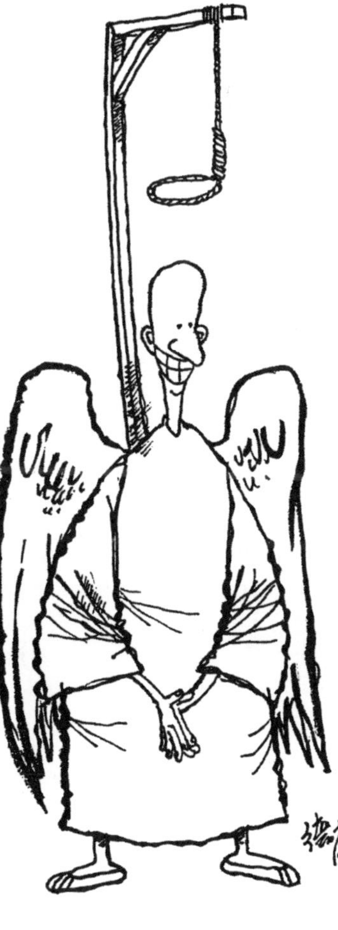

制意調心

輕躁難持，唯欲是從；
制意為善，自調則寧。

——法句經卷上．心意品

若為當前社會把脈，輕率浮躁是一般人的通病，它們所衍生出來的行為，真的是「唯欲是從」，一切向欲望看齊。《法句經》提出了「制意為善，自調則寧」的對治方法。對任何時代任何社會的人，都是一帖很有效的清涼劑。佛法注重心的調柔、調順、調伏，所以叫作調心。其實人心本身是不會動的，是因為人的五官和身體，跟外在的聲色犬馬、名利權勢等等環境相應，而使心隨境轉，正所謂隨著魔鬼的音符起舞。

人的身體有其本能的需求，但其需要的東西相當有限。比如睡覺只需一張床；衣服只需冬天可以禦寒、夏天可以遮體就行了；飲

食只要吃飽止渴；住宿只需遮風蔽雨。人的生活可以非常簡單，但為什麼欲望無止境？是為了滿足虛榮和貪欲，因而不斷向外追求，愈追愈不知足，愈追愈想追。欲壑難滿如無底洞，求得愈多，愈不能滿足，困累不已，結果死路一條；若把貪欲之心放下，就能活得逍遙。

人常常忘掉自己的需求只是心裡的飢渴，於是輕躁難持，不斷貪取，愈享受就愈想追求更多的享受，心無法安定下來，這就是煩惱的緣由。貪欲使人失去智慧和慈悲，變得自私自利，愈來愈露出動物的本能而失去了人性的溫馨，一味自私，別人也不會放你過身，因為他們也在追求同樣的東西，或者他們追求的正是你所擁有的，鬥爭在所難免。因此，若希望生活的安全、安寧、安定，最好減少欲望，指揮自己的心，保持穩健和平靜。

如果我們的心無法不受外境誘惑，該怎麼辦？可從觀念上告誡自己：為什麼如此愚蠢、自私？為什麼如此不滿足？也可藉念佛、拜佛、打坐等方法，使得心有所寄，心有安置和集中，就能不受外境的影響了。《佛遺教經》云：「制之一處，無事不辦。」只要把心安定在某一點上，慈悲和智慧都會成就，一切好事皆可完成。如果心受到外境的誘惑而不斷在動，人格必不穩定，事業也不會順暢。

想做個成功的人或活得平安的人，都可用這個偈子的四句話來幫助自己。但它不是叫我們消極得什麼都不管，而是叫我們不要因欲望的飢渴而輕舉妄動。即使環境很亂，心還是活在安寧之中，這實在是一種福報！

大能容小

無樂小樂，小辯小慧；
觀求大者，乃獲大安。

——法句經卷下．安寧品

這偈子，是勸我們不要耽於世俗的五欲之樂，同時指出，小辯才、小聰明也不可靠。要就追求解脫自在的大樂與無我無私的大辯才和大智慧，才能獲得大安定及大安全。

這個世界到處有危險，時時有災難，人人有苦惱，故有「火宅」的比喻。縱然也有歡樂的時光，卻是相當地短暫，歡樂是從辛苦的代價而得，歡樂之後，接著又是面臨苦的考驗。人生雖有歡樂，往往是苦中作樂，所以稱為「小樂」。

世間並沒有不散的筵席，故也沒有真正的快樂。一般人從物欲的享受，獲取官能的快樂，那是刺激和痲醉，被假想為快樂，但在心靈的深處，並沒有安定喜悅的歡樂。短暫的快樂後，依然生活在身心交瘁的狀態之中。

「小辯小慧」是指以世俗的思想知見做辯論，即使能如長江大河滔滔不絕，卻只能頭痛醫頭、腳痛醫腳，只見樹木不見森林。世間的知識學問有其時代性、地域性、局部性、片面性，一旦過時出局，就不是真理。江山代有才人出，前人的發明固然有用，後人的發現卻可能將之推翻或超越。又說隔行如隔山，不同的立場有不同的見解。可見世間的任何論辯，都不是究竟的真理，故稱為小辯小慧。

佛法並不否定世間的學問，但是教示我們不要把自己之所見當成最高、最後、最究竟的真理，否則會因執著不同的思想而產生人為的災難，例如宗教戰爭、政治迫害、各種文字獄等，皆由此而起。

什麼才是大樂、大辯、大慧？此「大」不是大小相對的大，而是超越絕對的大。不要執著任何一種世間的現象、觀念和思想，這就是「大」。此「大」能夠容納一切的小，而又不受任何一個小的局部束縛而產生紛歧摩擦。「大」是不執著任何東西，所以能容納一切。沒有要堅持什麼立場，只要因時、因地、因人、因事而做恰到好處的應用和處理，就是好的。不要認為有什麼東西是最高的、最好的、永遠優勢的，否則便無法得到最大的平安和最大的快樂。

一般人也可學習這種精神，須為人間開發有用的知識和技能，但不要自認為那是最好的、最高的、最後的、最具權威的，應當隨時隨地從事更新的發現或發明，那不是更好嗎？

解脱自在

但離虛妄，名為解脫；
其實未得，一切解脫。

——法華經卷二．譬喻品

此偈在字面上非常淺顯，只要不被虛幻的世相所困，便得名為解脫，但是尚須更進一步，也要不以解脫為實有，才能超越於真妄及縛脫，那才是「一切解脫」。

一般人都希望從煩惱的苦海、罪惡的環境獲得解脫，這應該是正確的觀念，但是還不夠徹底。

必須深入了解，從現實生活得到解脫，並不等於逃避現實生活，也不是教你離開這個世界；要在困頓的現實生活中而有自由自在的心境，才是真正的解脫。

這個解脫是指內心的經驗，而非身體所受的遭遇和所處的環境。換句話說，只要內心不被虛妄的現實境界所困擾，就是解脫。如果處身在虛妄的現實之中，而把現實生活當作是安全的寄託、當作生命的靠山，向瞬息變動的現實環境追求安慰、追求保障，就不得解脫。

有人以財產為靠山，有人以名位權勢為靠山，有人以某位人物為靠山，有人以某種觀念、某種理想、某種信仰、某種力量做為最大的救濟或最後的歸宿，從這些皆無法獲得解脫。只要有所期待、有所寄望、有所依賴，就會被所期待、所寄望、所依賴的東西所綑、所

苦，就不是解脫。因為這些都是幻起幻滅的虛妄現象，只要是現象，都會隨著無法預知的因緣聚散，而變化莫測。有如萬花筒中的圖案，圖案是有的，但只要一轉動就變了樣。如果以為這些不可靠的東西是可靠的話，便是執迷不悟，便會被其困擾。

如果有人聽說現實環境都是虛妄不可靠的，便想厭棄它、離開它、逃避它，去做一個遺世獨立、獨善其身的人，這也無法解脫。因為逃避現實的本身，即是執著，是用自己的觀點和想法做繩子，自繫自縛、自我作繭，豈能得解脫！要來的一定是會來，要去的終究會去，唯有凡事都能面對它、接受它、處理它、放下它，便得解脫。

真正得解脫要如《六祖壇經》所言：「佛法在世間，不離世間覺；離世覓菩提，恰如求兔角。」不離世間且不執著世間，才是真正解脫。也就是說，不把現實當實有，也不視現實為虛無，才會自由自在，才是真的解脫。

火宅清涼

三界無安，猶如火宅；
眾苦充滿，甚可怖畏。

——法華經卷二・譬喻品

此偈是說，我們所處的環境，不論好壞，都像是火宅一般，充滿各種危險，實在恐怖可怕。但是衆生無智，沒有警覺，都活在醉生夢死當中。

何謂「三界」？根據人心的體驗、感受和認識，而有欲界、色界、無色界等三種範疇。欲界是五欲或名為七情六欲的層次，色界是禪定的層次，無色界是只有自我執著而已，沒有意識活動的深定層次。欲界耽戀於官能的享受和追求；色界執著於生命的貪戀及對自我價值的追求；無色界已沒有對於身心的貪戀和愛惜，心理活動已終止，但仍有潛在的自我中心，維繫著對於「我」的執著。

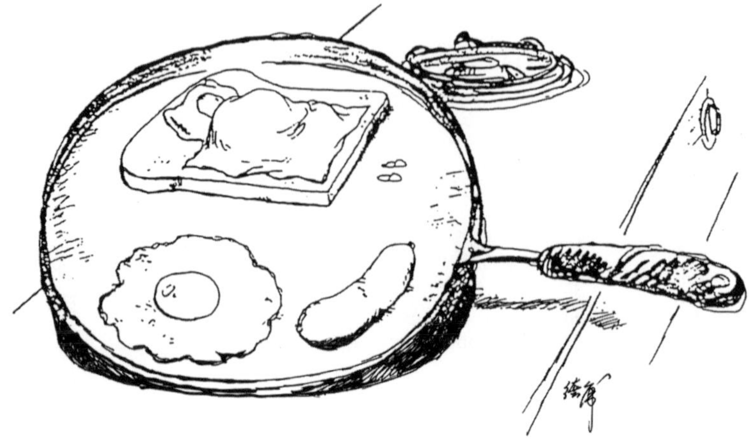

三界都是水深火熱的環境。

若以一般人的判斷，所謂眼不見為淨，耳不聞為淨，到了色界、無色界的程度，應該已是安樂的境界，怎麼說也是火宅？住於定中的人，人間的煩惱、自然的災害、社會的困擾，都不會影響到他，好像已得解脫。事實上凡有自我中心，出定之後，仍在欲界，依舊要接受人間環境的種種干擾，依舊有水深火熱似的煩惱。故云：「三界無安，猶如火宅。」

火宅是失火的房子，充滿了危險恐怖，但有幼兒、愚人及盲人，身陷火宅，卻不知失火的危險恐怖。因此在《法華經》中有一寓言，以火宅為喻，是講一群貪玩的稚兒在失火的大宅院中，看見失火了還拍手大笑，看見小動物倉惶逃竄還當成好玩。可憐這些愚癡無知的孩子，站在父母或成年人的立場，要想辦法趕快把他們救出來。佛是眾生的大慈悲父，所以告訴一切眾生不要苦中作樂，趕快離開。

其實，一切境界，出於心造，源於心受。心境煩惱，便處於火宅之中；心境清涼，便生於佛國淨土。環境隨心，沒有一定的安危，若是人心浮動，環境即混亂，便成三界火宅；若是人心安定，環境即太平，便見世外桃源。因此，我在訪問大陸名刹五台山時，曾寫了這樣的兩句話：「凡夫以煩惱製造了苦樂無常的三界火宅，聖者以慈悲建設了廣度眾生的清涼世界。」

不落兩端

無常見有常，是名為顛倒；
空中無無常，何處見有常。
——大智度論卷一．初序品中緣起義釋論第一

此偈是說，若把多變的時空現象，看成永恆的宇宙真理，便叫作顛倒。一般人錯認無常的事實為永恆不變的東西，結果為自己帶來迷失感的苦惱。因此有人便以無常為真理，又為自己帶來虛無感的失望。

常是永恆，無常是變異，兩者是相對而言的哲學觀念；常是宗教信仰有神論的思想，無常是平常生活中隨時隨地可以經驗到的事實。生活本身就是無常的現象，只因一般人不想承認，以致視而不見，不願意說這就是無常，所以是顛倒。人的種種苦難和問題都跟這種顛倒的印象相關，錯把無常當作永恆，不希望接受無常的事

實，煩惱就出現了。有人希望年年十八歲，可是十八歲只有一年，再過一年決定是十九歲了。天天面對無常而不承認無常，還要遮遮瞞瞞，恐懼年老，怕人老珠黃沒有吸引力、沒有人愛，把生存的價值寄託在隱瞞年齡，而不敢面對事實，不來善用生命，豈不是顛倒！

要知道，對於無常的認知，未必是負面的，從有到沒有雖是無常，但從不好可能變成好也是無常。我們常希望好的永遠好下去，不好的永遠不要來，這也是顛倒。月有陰晴圓缺，水有雨露冰霜，時有春夏秋冬，人有悲歡離合，以及生老病死，這些都是無常的註腳，絕非人力所能改變，何不承認事實，樂天知命！

無常的認知，固然可使不好的要想辦法讓它變好；至於好的，則當然要有接受發生變化的心理準備，那就不必提心弔膽。保持現狀既然不可能，使現狀繼續成長則是可能的，但是任何事物的成長，必定有其極限，希望永遠成長下去也不可能。成長的過程中會有變化，變化之後的危機，其實也就是轉機，自然有另一個景況出現。所以，若把無常當成常，一定苦不堪言。

世間既沒有任何東西是永久不變的「常」，也不是把虛無飄渺稱為「無常」。從這個偈子看來，執著世間是常固然不對，執著世間無常也是錯誤，因為無常的涵義是一切現象不斷在變化，在變化之中也有許多新的現象在發生，變化之中沒有永恆不變的東西是無常；經常變化的東西雖不是實有，卻不等於沒有，從因緣聚散而言是空，從因果相繫而言是有的，切切不可認定了無常的理論，而就否定了因果的事實，所以要說「空中無常」。以此可見，連無常也是假設的名詞，當然更不用說還有不變的常了，所以要說「何處見有常」了。此偈連貫前後的公式是：常等於無常，無常等於無無常，也相當於《心經》所說「無無明，亦無無明盡；乃至無老死，亦無老死盡」的意思。

此偈給我們透露的訊息，是要我們勇於面對多變的現實環境，觀察它、了解它、改善它，但卻沒有必要為它神魂顛倒地不能自主。既不悲觀失望，也用不著興奮得發狂，學著做一個心胸豁達、自由自在的智者。

因緣是空

若法因緣生，是法性實空；
若此法不空，不從因緣有。
——大智度論卷六．初品中十喻釋論第十一

這個偈子點出了「緣起性空」的道理，是說一切現象，都是依空而緣起，緣散而歸空；空不等於沒有，有也不等於實有。因緣而生起，其實是空的，若說有什麼東西不是從空而有的，那就沒有這樣東西了。

如果說，一切現象的任何一法，都是從因緣而生的話，它的實性便是空性，因其既從因緣起，必由因緣滅，沒有真實性。如果一切現象以及佛所說的理論、觀念、修行方法，不是空的，那就不是從因緣生的，但在世上不可能有這樣的東西。

因緣生的意思，是一個主要的因素再加上另一個或另幾個次要

的因素，也就是促成任何一種現象發生的種種條件。主要的叫因，次要的叫緣。比如我們來到這個世界，自己是因，而父母是緣。又如一個家族的組成，最早出現的父母是因，子女的陸續來到是緣。彼此相成相待的關係，便是互相為因、互相為緣。但在這種關係出現之後，不是永恆不變的，實是幻起幻滅的。因為漸漸地，父母會與世長辭，子女又變成了父母，而且永遠變化下去。從時間上看，本來沒有的生命現象，暫時出現，復歸於消失；從空間上講，父母生子女，子女生孫兒女，那是因緣和合，緣聚時則生，緣散時則滅。若把這些因緣拆散解體，暫時有的現象就無法成為事實。所以，一切法都是因緣所成，本身並無不變的法性，如果一定要說它有一種本體的實在性，那就可以給它一個名字叫作「空性」。

世間的一切現象皆由因緣而生，又名為緣起，例如人的一生之中，會有種種遭遇，有的人愈來愈有信心，愈來愈有才能，愈來愈有人緣。有的人恰巧相反，經過幾番風浪之後，便再也沒有勇氣面對殘酷的現實世界了。同樣的現實環境，有不同樣的人生體驗，這就是各人的因緣使然。

我曾見到一位女士被男友遺棄時，幾乎希望找她的薄情郎拼個同歸於盡，後來知道他的男友早已另有新歡，鐵定不再回頭，便來告訴我說：她已想通了，既然因緣如此，為了自己還能好好地活下去，也不想痛恨他一輩子了。可見「因緣」即是「空」的觀念，能夠助人擺脫痛苦。

疏導人心

諸法如芭蕉，一切從心生；
若知法無實，是心亦復空。
——大智度論卷八．初品中放光釋論第十四之餘

這個偈子用芭蕉來比喻一切現象，是由心生。其實芭蕉沒有心，可知一切現象並非實有。人人知道人皆有心，如果深入觀察，不僅一切現象的法是虛妄，生出諸法的心也是空的。

芭蕉樹粗看似有幹，細察則不是實心的，是由一片片的葉子層層包捲而成，如果把它一層層的葉片剝掉之後，就什麼也沒有了；食用的洋蔥也有相同情況。「諸法」的各種現象，包括生理的、心理的、物理的、自然環境和社會環境的，若將諸法透明來看，都是因緣聚散的現象，並無一法有其主體存在。

有些人會說，今日社會的主導者是某幾個人，而社會變成這

個樣子，癥結在於某幾個團體，若把他們趕下台，或把某幾個集團消滅掉，就會天下太平了。其實，任何現象都是衆緣和合，沒有孤立的事件，也沒有突發的現象，少數人及少數集團之所以能夠興風作浪，也必有讓他們興風作浪的原因，必須標、本兼顧，始能解決問題。若把一個個現象的成因和助緣拆解之後，裡面就什麼也沒有了。衆生共同的業力促成各種現象，人心的浮動造成環境的不寧；幾天一個風潮，使得人心更加不安。總是有某些人發展某些觀念，帶動風潮，我們要探究這些觀念是怎麼出來的？是從何處吹來的？怎麼會有那許多人隨著附和跟著跑？一定有其原因！若把各種近因及遠因加起來，就促成了動亂的社會現象。若能正本清源，解決了這些動亂的原因就不亂了。那就是先從觀念的疏導做起，先從人心的盲點及偏誤點的糾正做起。

所以，一切現象如芭蕉樹，看起來是圍繞著某一個中心點產生，但那個中心，就像芭蕉心，虛妄非實。如果知道沒有一個實在不變的東西在那兒，也就不會覺得有什麼嚴重的問題了，因為一切現象都會隨著因緣而變的，不必害怕，只要努力，不必失望，動亂的現象不會永遠在那兒的。

改變環境當然重要，改變人心的偏差，更加重要，人心能帶動環境，環境又能影響人心。知道人心非實，人的想法會變，知道環境隨人心而變好變壞，因此疏導人心，要比改造環境更重要。如果你於一時間無法改變環境，至少自己的心不要去接受環境的影響，環境再壞，你既無從逃避，就面對它，而告訴自己，心是空的，環境亦非實有，正如西哲所說，面臨黑夜時，知道黎明已不遠了。

欲望得失

諸欲求時苦，得之多怖畏，
失時懷熱惱，一切無樂時。
——大智度論卷十七．釋初品中禪波羅蜜第二十八

此偈是說，欲望並不能帶來快樂，不論是追求的時候、得到的時候或失去的時候，都是苦惱。像這樣的經驗，可以說人人都有，可是大多數人沒有辦法覺悟，老在貪欲之中轉個不停。

「諸欲求時苦」，諸欲是指一般所說的七情六欲以及佛經所講的五欲，所謂七情是喜、怒、哀、懼、愛、惡、欲，六欲是《大智度論》所說：色欲、形貌欲、威儀欲、言語音聲欲、細滑欲、人想欲。五欲有兩說：1.財、色、名、食、睡，2.色、聲、香、味、觸，第二類是對眼、耳、鼻、嘴、身而說的。貪欲永無止盡，欲壑永遠無法填滿。有了一個太太還想要第二個、第三個，這是貪得無

厭；每天晚上只睡一張床鋪卻希望有更多的華屋，以此縱情享受，以此炫耀財富。

欲望强的人，一心想得到又怕得不到，拚命追求，愈陷愈深，以致苦惱重重。對已經到手的東西又怕失去，心中充滿恐懼怖畏。一旦失去則哀痛不已，懊惱不已。明明是多餘的東西，沒有它也不至於無法度日，但是貪欲卻讓凡夫的心永遠不得安穩安定。

欲望初得時，可使人當下歡喜，接下來就是不夠滿足的空虛。這種人即便於一時之間有假象的滿足和快樂，但一下子就過去

了，心理上馬上出現害怕和憂慮。

能少欲知足就能平安無事、快樂自在，但少欲不是不要任何東西，就算是出家人，需要的還是要，當做的還是得做，對自己要少欲要知足，對眾生要奉獻要布施，這才是努力的重點。

時間無限

無量無數劫，一念悉觀察；
無來亦無去，現在亦不住。
——六十華嚴經卷五·如來光明覺品

此偈是說，在一念之中即可觀察到無限長的時間現象；因為時間沒有來也沒有去，連現在也不存在。

我們的生活之中，過去、未來和現在的時間感都是有的。剛才、現在、馬上，昨天、今天、明天，去年、今年、明年，不論或短或長，不能否定時間實有。然而，真的有現在、過去、未來嗎？真有客觀的時間嗎？值得探討。例如一九九五年十月間，美國的太空望遠鏡哈伯，拍攝到六千光年距離的宇宙體形成奇景，那已是六千年前的事，我們卻於現在看到，若融通這中間距離來看，便可將過去、未來、現在，合為一體了。

此偈的「無量無數劫，一念悉觀察」是《華嚴經》的時間觀。把無限長的時間縮短到一念之間，也可以說，已將一念的時間延伸到無限的綿長。此在一般人是無從想像的，其實，惡夢連連，就覺得夜長漫漫；歡樂終宵，就覺得春宵苦短。人到晚年，如果百無聊賴，就覺得活著好膩；如果興致勃勃要完成好多有意義的事，就有不知老之將至的感受。有的人在一生之中完成了許多偉大的事業，還有時間輕鬆地休閒；有的人，緊張忙碌一輩子，卻一事無成。究竟是誰的時間更多或更少，更長或更短？由此可知，沒有一定的時間標準，長時間可容納短時間，短時間也可涵攝長時間。

佛已超越了時間，所以在一念中，能觀察無限的時間。其實眾生雖無此能力，而眾生現在的一念是從過去無量的時間傳遞過來的，這一念之中根本也攝含著所有過去無量無數劫以來的業力，包括福業和罪業；同時也以此現前一念為基礎，又再向未來展開生命的無限遠景。由於佛的心中沒有時間的執著，沒有煩惱的起滅，所以一念即是無限，這是可以理解的。而以佛的智慧觀察任何一個眾生的任何一個念頭，就能從這個念頭觀察到這個人的無限時間的前因後果，就比較難以理解了。

請不要想得那般高深莫測，其實，時間是「無來亦無去，現在亦不住」的。

只要看眾生現在這一念，就沒有必要去追究過去，也沒有必要探討未來；這一念本身就已包含過去和未來。而現在的本身，又非得介於過去和未來之間不可，如果過去已去，未來尚未來，則現在也無著落之點。可見，雖僅一念，也無蹤跡可求，哪兒還有什麼時間。

處處如來

十方空無異，眾生起分別；
如是取如來，虛妄不見佛。
——六十華嚴經卷十．夜摩天宮菩薩說偈品

此偈是說，遍宇宙的空間，到處都是一樣，人類心量小眼光淺，所以有四面八方上下前後的界定差別；如來的智慧廣大如虛空，如果也用一般人的心量去認識如來，根本就見不到如來。

《金剛經》中也說：「若以色見我，以音聲求我，是人行邪道，不能見如來。」這是說，如來的功德作用，遍於一切時空，也超越於時空，有智慧的人隨時隨處見得到他，沒有智慧的愚人，僅把如來的肉體、形貌、音容，當作是佛，那就是認錯了對象走錯了路，當然也無法見到佛了。

此所謂「十方」，含有虛空和空間兩種意義。虛空之中不留一物，八方上下，沒有任何阻隔障礙，而空間是由物體與物體之間的相互間距所形成。此二者名異、義異而實同。空間不離虛空，虛空之中含有空間的事物；萬物由虛空幻現而成空間，又必幻滅而復歸於虛空。任何現象都是變化無常的，就像天邊的晚霞，一下子像許多動物，一下子又像群山疊翠；形形色色，幻化莫測。其實這些形象都是出於人的想像罷了。晚霞僅是雲層而已，並沒有一定要變成什麼，由於人的感情豐富，可以美化這種幻景，也可以醜化這種幻景，那與幻景的本身毫不相干。

可見空間本身就是虛空，活動在空間中的人類，也不過

是幻起幻滅的景象，人人認為自己是真實的存在，其實本來不存在，最終也不存在，並非真正的有，所以人人都會說：「兩手空空地來，兩手空空地去。」只是為了現實的生活，為了本能的需求，人是不能不爭取生存空間的。如果能在生存的過程中，多一些為他人設想的心，少一些為私利打算的心，多一些慈悲心，少一些怨恨心，自己的生存空間會更大一些；如果遇到無法突破的困境時，就告訴你自己：「虛空廣大，何必分別。」你就覺得是處身於海闊天空的內心世界了。

此時，縱然沒有見到如來佛，也不要緊了。其實，當你心中已放下了痛苦的感情世界，還需要佛來幫你什麼忙呢？

宇宙真理

世間非自作，亦復非他作；
不知真實性，生死輪常轉。
——六十華嚴經卷十．夜摩天宮菩薩說偈品

此偈是說，這個宇宙中的各種事物，是怎麼形成的呢？依據佛的智慧來說明的話，既不是自己產生的，也不是由什麼人或什麼神創造出來的；如果不知道這個是從因緣而產生的真實性，就無法從生死之中解脫出來了。

這是非常重要的一個問題，自從有了人類的思想及文化以來，總會有人追問：這個世間的一切現象，是怎麼出現的？最早是怎麼開始的？一直到現在、到最後的未來，是由什麼力量在掌控支配？

從哲學家及宗教家的角度而言，對世間現象的產生，有兩種看法：1. 一切現象是自然形成的，是現象本身自己發展出來的，也就是「自作」；比如一池水塘，乾涸的時候不會有魚蝦，下雨積水之後不久，便出現了小魚、小蝦，逐漸又有泥鰍等比較大的水族生物了，那肯定不是任何人去放養的。2.一切現象的發生，都有它的創作者，智慧高能力强的人，能夠生產生活及生存所需的各項物品，至於那些不屬於人力所能創造和掌控的現象，一定是有一位大能的造物主在做主宰了，這是「他作」。這兩種觀點，都給人類帶來了生活的智慧及生存的勇氣。

如果用佛的智慧來看這個世間的現象，任何一樣東西只能是因緣促成，不可能無中生有，也不可能憑空創造；即使是大發明家，也需要有各種主觀及客觀條件的配合，才能有發明的成果產生。

釋迦牟尼提出的論點，是請大家不必堅持己見，因為各有各的道理，只是不可能有一種觀點是最後最高的真理。客觀的環境和主觀的自我，互相影響，彼此牽連，小至個人的一個念頭，大至全體宇宙，都是息息相關的存在，沒有獨立及孤立的事物。

用這種觀點，生活於人間，便會尊重他人、欣賞他人、諒解他人、愛護他人。因各有各的因緣，便會努力於每一個現在；因為只要努力，因緣的結果是可以改善的，便不致於沒有希望，也不致於感到失望。不論主觀及客觀的因緣，往往是無法預料的。這就是宇宙的真理。

生命奧祕

一切眾生類，悉皆三世攝；
三世諸眾生，皆為五陰攝。

——六十華嚴經卷十．夜摩天宮菩薩說偈品

此偈是說，一切的生命現象，都離不開過去、現在、未來的時間過程，而在這時間過程中活動的生命現象，又都擺脫不了色、受、想、行、識等組合成生命現象的五種要素。

所謂「眾生」，雖有許多層次的許多類別，那是指一切的動物，乃至無形的靈體，但主要是就人的立場，討論人的問題。即使僅在人類之中，也有許多族類、許多族群，各有所喜，各有所不喜。

所謂「三世」，是時間距離，有長有短：長時間的三世，有無量久遠的過去，也有無量久遠的未來。短時間的三世，可以把一秒鐘分成前、中、後的三個段落；也可以把每一個念頭的起伏，分作

念前、現念、念後，亦稱作前念、現念、後念。人心除了入定時及熟睡時，暫時不浮動之外，其餘時間，都在活動，所以也離開不了三世，被稱為世間現象。

五陰又叫五蘊，前者是唐玄奘以前的舊譯，後者是唐玄奘開始的新譯。五蘊是如雲層遮住了天空的日月光明那樣，遮住了智慧心光的功能。超越了五陰的障礙，便可透露出解脫自在的慧心。五陰中的色陰，是指人體的物質部分；其餘四陰，是指心理的運作，是受、想、行、識，當過程完整的一個心理反應發生時，它們四陰就會依次連貫出現，構成自我中心的運作。「受」是感受；「想」是判斷所感受的；「行」是判斷之後採取行動；「識」是身心活動之後的另一種堅持自我及延續自我的功能，它是生命的連接體。我們昨晚睡著了今晨又起來，這一生的肉體死亡了，另一生的生命又出現，也是這個「識」的功能。

心的畫家

心如工畫師，畫種種五陰；
一切世界中，無法而不造。
——六十華嚴經卷十．夜摩天宮菩薩說偈品

此偈是說，我們的心，就像一個非常高明的畫家，能夠極其細膩地畫出身心活動的一切現象，甚至於我們的環境世界，也都是由這個內心的畫家，創造出來的。五陰是人生現象，世界是宇宙現象。

這是一種唯心論的觀念，粗看不容易理解。例如說，人在心情煩悶時感受到身體狀況不會爽快，接觸到的各種環境現象，也不會舒服。如果心情愉快時，就覺得一切都是這麼美好。不過，若說我們的身體、家族乃至整個世界，都是由我們每一個人的內心所造，恐怕就很難體會出來了。

所以必得說明，這不僅僅是從心理現象來解釋的，即如「我

思故我在」的理論，是由自己的心理活動，感受到自我存在於這個世界；心理先有活動、有主宰、有計畫，因而才有外在世界的活動出現。這樣的唯心論，不曾考慮到每一個人所處的全宇宙，也是自己內心創造的。因為無法想像這個環境是他所造，何況人生短短數十年，怎麼可能造出已有幾十億年乃至千百億年壽命的宇宙世界？

若以佛的智慧，說明人生宇宙，每一個人的人生宇宙是各有因緣的，而且是隨著時空的變遷及其心念的變動，經常都在變化。生活在同一個世界的同一個時段，每一個人的環境世界，也是同中有異、異中有同，卻絕對不會完全相同。

宇宙世界及人生的際遇，每一個人都是由心所造，由心感受，處身同一個時空的許多人，各有各自的宇宙人生，當你出生的時候，你的世界為你自己所有，若不珍惜它、愛護它、美化它，你的世界就可能是人間地獄；如果你能全心努力於身心世界的保健培養，你的世界就是人間的淨土。當你這一期生命終了之後，你的這個宇宙人生也就隨著你消失。雖然其他的人還在照常生活，但那已不是你的世界了。

即心即佛

如心佛亦爾，如佛眾生然；
心佛及眾生，是三無差別。
——六十華嚴經卷十．夜摩天宮菩薩說偈品

此偈是說，只要你的心態像佛，你就是佛；你的心已和佛相同之時，就會發現眾生跟你也是一樣。因此要說：你的心、佛的心、眾生的心，這三者之間並沒有什麼差別。

一般人只知道把佛供起來焚香膜拜，認為佛是高不可攀的。其實人與佛的不同之處，不在於外表的形相，乃在於內心的態度，如果體會到佛的智慧心及慈悲心，你就認識了佛；如果學習著以佛的心態照顧自己、關懷他人，佛已住到你心中了，你也能以佛那樣的心情看待眾生了。

若說對於佛、對於眾生，做到完全無差別的態度，那人必定已經成佛，要不然，他還不知道佛是什麼？

不過，現代人多半已能接受，人人有立足點平等的人權觀念，諸如居住、工作、受教育、參與選舉投票等的權利，都是平等的；至於各人能受多高的教育、得到多少的工作待遇、享有多好的生活條件、贏取多大的社會榮譽，那是要看各人本身的問題了。

佛看眾生平等，是說眾生都有成為佛的可能性，只要學佛就有機會成佛。並不是說眾生都已是佛。正因為眾生不自覺也可以學習佛的智慧和慈悲，佛才不辭辛

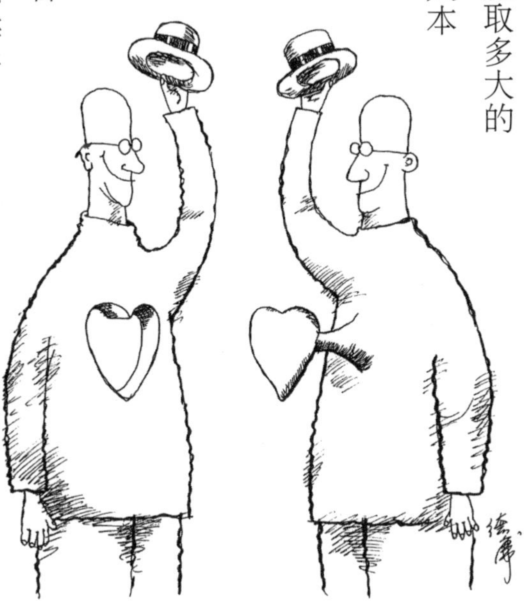

勞地廣度眾生。

不過，站在眾生的立場，縱然已經知道，佛、眾生、我都是平等的，還是要從差別的立足點開始做起。否則，佛不必度眾生，我們不必學佛，眾生也不用去度化了，那就不是佛的心態了。因為佛畢竟已經成佛，我畢竟還沒有成佛，眾生畢竟尚在苦難之中掙扎，許多眾生還在茫茫然地，不知道生命的意義是什麼？也不知道生存的目的是什麼？更不知道在生活之中是苦、是樂、是憂、是喜的感受就是煩惱。因此我們要以佛的平等心出發，經過差別，再回到平等。

不即不離

雖聞如來聲，音聲非如來；
離聲復不知，如來等正覺。
——六十華嚴經卷十．夜摩天宮菩薩說偈品

此偈是說，人們雖然聽到了如來說法的聲音，但那個聲音並不就是如來；可是，離開了如來說法的聲音，也無從知道如來便是已經成正等正覺的佛。

如來的聲音是指佛在說法。釋迦牟尼佛當時並未寫書，每講一段話或連續幾天講同一主題的話，皆以口耳相傳，後來才記錄下來。當時記憶力特別强的人，能把佛所說的內容記得很清楚，然後傳誦給他人。所以每部經典一開始往往是「如是我聞」，表示這是他親耳聽釋迦牟尼佛這樣說的。

有人迷信特定的聲音，具有神祕的威力，佛是不贊成的。聲音言語，僅是表達及溝通的工具，甚至佛也不主張對他個人當作神來崇拜，不以為唯有佛說的話才是真理。佛的聲音不是佛，也不是法。對於聲音語言所表達的內容，必須用心去領會，照著去實踐及體悟，才能知道如來是什麼。

因此，我們也不能不要如來的聲音，不能不聽如來所說的法，不能不通過佛經看如來，否則無法知道如來的名稱，也無從知道佛是怎麼覺悟的？為何覺悟？覺什麼悟？

許多人看偉人及名人的傳記，許多人愛讀時人的醜聞。如果是

為求知、是為益智、是為勵志，非為消磨時間，非為尋求刺激，那就把書本當作鏡子來看，才算是懂得看書的人。否則看書被書騙，豈非上了當！

救人救心

無量無數劫，常行無上施；
若能化一人，功德超於彼。
——六十華嚴經卷十四．兜率天宮菩薩雲集讚佛品

此偈是說，累世累生不斷地做大布施，當然是大功德了，但還比不上化度一個人脫離苦海的功德大。

在中國舊小說中會讀到「救人一命，勝造七級浮屠」的話，救人的命比造七層佛塔還有功德。但救命可分成兩個層次：一是救人身體的命，另一是救人智慧的命。救人的身體免於死亡，當然是大功德，如果搶救人心免處於罪惡的深淵之中，不僅使此人暫時脫困，永遠自在，也能使得此人改頭換面成為一個救人的人。

救人身體的命有幾種方式，比如飢餓的給他飯吃，受凍的給他衣穿，貧病交加的給他醫療診治，當有人遇到強盜劫匪等恐怖或水

深火熱等災難，把他們從怖畏困境中拯救出來。這些救人方式都有功德，也叫布施。凡施衣、施食、施錢財、施醫藥，施種種安全、教育、社會的設施，都叫布施。

救人的慧命，是用佛法的智慧及慈悲的精神幫助人，使人從煩惱苦海中獲得自在解脫。

但是第一種容易，第二種困難。有的人願意接受但沒有恆心，他來聽過一、兩次經，有困難痛苦時來找你，把你的一、兩句話奉為圭臬，等當前問題解決了，壓迫感沒有了，他又把你的忠告忘掉了。有更多的人，僅想接受你的經濟幫助，無意聽你什麼智慧和慈悲的大

道理。

遇到這種人時，你必須付出愛心、耐心和時間，千辛萬苦以種種方式去幫助他，一旦受到你感動，那就是浪子回頭金不換的菩薩了。所以僅僅度化一人，也是功德無量。但請勿誤解，度化不是僅靠語言，更重要的是你的行為、你的真誠感動了他。

心不在焉

心不在內外，心亦無所有；
妄取故有法，不取則寂滅。
——六十華嚴經卷二十·金剛幢菩薩十迴向品第二十一之七

此偈是說，我們的認知分別心，既不在身內也不在身外；說穿了，根本也沒有心這個東西。如果把心當作真實不變的東西，就有各種虛妄的現象出現；如果能夠不把心的現象當作自我，你就沒有種種煩惱了。

人人都有心，用心、談心，而把它形容成良心、忠心、黑心、壞心等許多名稱，但是心是何物？心在何處？感覺上既是實在的，也是抽象的，因此大家見仁見智，各說各話。禪師們乾脆說：「無心。」可是還有心的功能和心的現象，因此，永嘉禪師的描述是：「恰恰用心時，恰恰無心用。」心這樣東西，運用它的時候不能說沒有，捕捉它的時候又不知它是什麼了。

許多人認為心屬於精神層面，是內在的力量、境界、體驗或活動的根源。如果說心不在內而在外，身體之外有心所寄託的地方，這是說不通的。但如果說心在內，「內」又在哪裡？頭腦裡有心嗎？心臟裡有心嗎？神經系統裡有心嗎？肉體任何一部位都不是心，否則人在死亡後肉體還在，心的功能怎麼沒有了呢？

活著之時，心臟停止跳動，也不等於無心；全身麻醉時，亦不就是無心；熟睡時、沉醉時，頭腦不起作用時，也不等於心已死了。可見，心雖與肉體有關，卻並不就是肉體的任何一點。

人心是什麼？是一種維繫自我中心及自我價值的力量，如財富、地位、權勢、名譽等，乃是身體、心靈和外在環境的三結合。換句話說，心是叫他人給你肯定及注意的自我價值，也是你追求滿足及對抗外力的各式念頭。它不是一個固定的實體。

一般人不了解心在哪裡，也不知道心是起於虛妄的執著，所以常常看不開、想不通、鬧情緒、起煩惱，傷害了他人，又糟蹋了自己。如果你有了智慧，認識了心的本質，只是從虛幻的自我價值而起，並不是真有一樣東西叫作心，你就是一個能夠生活得非常快樂的人了。

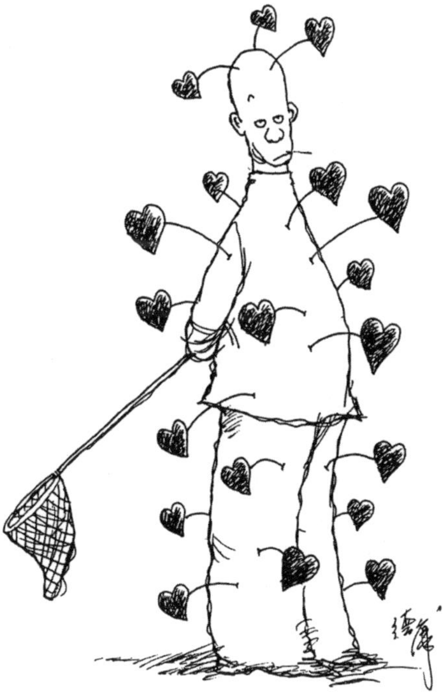

要走正路

> 生死為曠野，煩惱諸惡道；
> 邊見為賊難，癡盲迷正路。
> ——六十華嚴經卷四十三．離世間品第三十三之八

有生有死的眾生，如同曠野中的流浪漢；在煩惱中生活的人，已經像是在惡道受苦的眾生；不論說有永恆說無永恆的生命，都像是在旅途中遇到了盜賊，把他們的功德財產搶光；這一些人都是因為愚昧無智而像盲人一樣地迷失了正確的前程方向。

「生死為曠野」，曠野是沒有人煙、沒有文明的地方，一片草莽密林，野獸、盜匪出沒，隨時會遇到危險。這裡把生死形容為曠野，因為從生到死之間經常活在恐慌、畏懼、憂慮、焦急、無奈之中，生不知何來，死不知何往。

「煩惱諸惡道」，惡道是險惡的路途。古代的印度交通不發

達，一般人只走大道，不願走小路、險路；只有邪惡的人能從這種路得到好處，在犯罪的路上冒險。此處用惡道形容煩惱，因為煩惱促使人們冒險、造惡業，做自害害人的事。

「邊見為賊難」，邊見包括常見和斷見，這兩種見解不是正見，不是中道見，而是旁門左道，流於獨斷、偏激或特別消極。「常見」認為神、靈魂、我是永恆的。這種見解的好處在於認為「我」永遠是我，永遠存在；壞處在於「我」既永遠存在，做好做壞都一樣。做了壞事，一時挨人咒罵；做了好事，一時受人讚歎。咒罵也好、稱頌也好，都沒有關係，「我」還是好好的。古代中國臨刑殺頭的黑道漢子會說：「砍頭沒什麼不得了，十八年後又是好漢一條。」這就是常見。

「常見」滿可怕，「斷見」更危險。「斷見」是不信有生前，也不信有死後，沒有過去生，沒有未來世。這輩子想怎麼過就怎麼過，不必講過去，也不相信未來。想搞錢圖享受的人不擇手段，只

要能弄得到就好，不必考慮未來有沒有惡報，反正沒有未來，這就是斷見。佛教講因果，一定要為自己的行為負責任，現在的行為必然逃不掉將來的果報。否則就像是走錯了路，遇到了強盜土匪，把一切功德都搶劫掉了，把未來的好路全給阻絕了。

「癡盲迷正路」，這一句與上一句相關。不信因果是斷見，不信因緣是常見，都叫癡盲。邪見之人沒有正路可走，遑論成佛度眾生！這四句話是叫我們不要墮入生死曠野，不要步上煩惱惡道，不要落入邊見賊難，以免迷失正確的成佛之道。

風遊虛空

不離於世間，亦不著世間；
行世無障礙，如風遊虛空。
——六十華嚴經卷五十六．入法界品第三十四之十三

菩薩不離開煩擾的世間，也不貪戀繁華的世間；遊化世間，沒有障礙，猶如風遊虛空，不牽不掛。

這個偈子講到不離世間和不著世間；反過來說，也有一些人是逃離世間，那是還對世間有所執著。就像怕火而避火，雖已離火，仍在厭火，豈非執著！厭離世間的人是小乘，貪戀世間的人是凡夫，這兩類人都有執著。唯有大乘菩薩是既不離開世間也不貪戀世間。菩薩在世間到處遊化、時時遊化而不為世間的罪惡及煩惱等所困。大乘菩薩住於世間是為救度眾生，一般凡夫住於世間，卻是自惱惱人。可知智者到人間是為入世救世，愚者在人間是為混世。

《六祖壇經》說：「佛法在世間，不離世間覺，離世覓菩提，恰如求兔角。」佛法因眾生而有，有眾生才需要佛法；唯世間才有眾生，唯世間才需要佛法，所以，離開世間不需要佛法。

有人以為，入山求法求道，得道之後就要離開世間。這不是正確的觀念。釋迦牟尼佛為度眾生而修行，成佛之後，四十多年中都在人間辛苦忙碌救濟眾生。若無眾生可度就不需要佛，佛也不需在這個世間出現。修道應該從世間的立場出發，得道之後依然在世間行道，這才是真正的佛教。

一般人在有所表現、有所貢獻時，多半躊躇滿志，自認有功勞、有功德，這就是執著，把成就當成是自己擁有的東西。

大乘菩薩的精神是，雖然做了功德，幫助了人，卻以為眾生是自己成長、自己成熟、自己自助，憑的是他們自己的善根。當眾生沉溺於醉夢之中時，菩薩仍要努力讓他接觸，盡量給予幫助。但有一些人既不主動接觸也不被動接觸。你要幫他，他也拒絕。菩薩對這種人不會失望，不會怨恨，不會認為他是魔、是鬼。菩薩不會強求，卻願以耐心和悲願來等待因緣成熟，在因緣未成熟時，不會認為那些人是無可救藥、沒有希望的。因此，菩薩心中沒有怨懟，沒有仇恨，也沒有永遠不得救的人。誰是菩薩呢？只要願意做如此學習的人，你、我、他都可以是菩薩。

「行世無障礙，如風遊虛空」，世間不可能沒有障礙，時間、空間、人際、心理、身體皆有障礙。但菩薩不離世間也不著世間，不論因緣成熟與否都同樣努力。他知道要使因緣成熟，必須有主觀條件配合客觀因素，因此既不失望也不視之為障礙。若有任何情況發生，那是因緣不成熟之故，繼續努力便可了無障礙。「虛空」有二義：1.空中什麼也沒有，風可自由吹拂。2.空間有物，風遇物體會轉彎，不覺得那是阻礙，高吹低掠只是在運動而已。若學習到了這樣的心態，保證天天都會過得非常自在。

自投火焰

世間猶如焰，妄想取世間；
能斷世間想，則離三種倒。

——六十華嚴經卷二十八．十忍品

世間好比火焰，眾生的妄想顛倒，就像飛蛾投火，誤把這烈焰火堆當作是光明的樂園；若能切斷對世間的執著妄想，就可以擺脫想、見、心的三種顛倒，就可避免火焰了。

對佛菩薩來講，因為已離顛倒，世間等於虛空，也可以說，凡夫的世間等於佛國的淨土。但從佛菩薩的角度，所見的凡夫眾生，處身於火焰世間，竟不自知世間的環境猶如火焰。焰不是火，但它比火的燃燒力更強；焰是因火而有，一旦火息滅了，焰也就沒有了。眾生在世間生生滅滅、恩恩怨怨、愛恨交錯、你爭我奪，產生種種苦惱，就像在焰中接受火灼。這是因為妄想執著，把世間的幻相當成永恆的富有，所以苦難連連。

凡夫眾生為什麼有妄想執著呢？因為我們有身體，身體有渴求的需要，也有不安定和不安全的恐懼，所以就有種種爭取和種種排斥。對於喜愛的，貪得無厭，得到之後，又怕失去；對於不喜愛的，拚命躲避，卻又揮之不去，因此惹出種種的煩惱。這好比把自己放在熱鍋上，釜底添柴加油，看似一個無辜者在火焰中被煎熬，其實是自作自受。

若能斷除對「世間相」的妄想執著，就能離開三種顛倒。也就是對於世間的社會現象、心理現象、物質現象、生理現象，不過分貪戀，也不逃避厭離，就可以離開想、見、心的三種顛倒。

想顛倒是妄想，不該思想的問題思想了，不該想到的念頭產生了。見顛倒是邪見，又稱為不正見，那就是以無常為永恆，以人死如燈滅，不明因緣的道理，不信因果的原則，便是顛倒。心顛倒是隨著環境威脅利誘，而失去自我主宰的理智，如能無欲、無瞋、無怨、無悔，便是智者。普通人雖不易做到，但也不妨練習；能做到多少，被火焰煎熬的感受就會減少多少。

菩薩的夢

菩薩所行行，一切諸妙願；
明解悉如夢，於彼無所著。

——六十華嚴經卷二十八．十忍品

菩薩明白，自己的所作所為，以及所發的一切偉大悲願，無非都是夢境，所以對於這些了無執著。

菩薩有智慧，所以他們已沒有煩惱；菩薩有慈悲，所以他們永遠地、不斷地、無限地幫助眾生解除苦難。因此，菩薩行就是智慧行與慈悲行。

菩薩行有六度萬行；六度是總綱，萬行是凡為菩薩該做的事都要做。該做的事太多太多了，不同的情況、不同的時間、不同的空間、不同的眾生，都須用不同的法門、方式、型態來協助眾生離苦得樂。

六度是布施、持戒、忍辱、精進、禪定、智慧。看起來似乎只有布施是度眾生，其實不然！如果該度眾生而不度，就是犯戒，所以持戒也是度眾生。精進是繼續不斷地布施、持戒。忍辱是對一切眾生所加於菩薩行者的打擊或讚歎、服從或挑釁等等，不起任何愛恨等的煩惱。禪定是心不動搖，在幫助眾生時，即使得到負面的反應，也不因此而灰心氣餒；遇到恩將仇報的眾生，菩薩行者也當以平常心看待。智慧是對不同的眾生給予恰到好處地幫助、安慰、勉勵，自己亦不因挫折而產生心理上的障礙。

因此，所謂六度，無一不是為了度眾生；而萬行不僅是一萬行，更可以是千萬行。人有千千萬萬不同的性格、需求、層次，佛菩薩會很有耐心地滿他們的願。菩薩所發的基本弘願是：度一切眾生、斷一切煩惱、學一切佛法、成無上佛道。除此之外，時時要有無量的心願，願願都是願助眾生離苦難得安樂，要到第八地以上或成佛之後才不再發願，不用發願，自然而然都在大願海中。所以，菩薩的「一切諸妙願」可以用另兩句話來表達，那便是「虛空有盡，我願無窮」。

然而，發了這麼多的大願，幫助了這麼多的衆生，自己都很清楚這些願行，都像空中的花、水底的月、夢中的情景一樣，不會沾沾自喜地認為自己真的做了多少好事，積了多少功德。菩薩進入衆生的夢中，與衆生一同做夢，所不同的是，菩薩在夢中知是夢，衆生做夢時尚不知是夢。一旦明心見性，大夢醒時，便知什麼也沒發生。不過，菩薩明知是夢，菩薩一定要進入衆生的夢境才能把衆生喚醒。

這是非常積極地奉獻，又不以為自己度了任何衆生。一般人雖不是佛菩薩，也該學習這種菩薩的胸襟，就會發現人世間跟佛國淨土是沒有距離的。

水中電光

眾生無縛無解脫，一切世間不可說；
世間非內亦非外，如彼水中電光像。
——六十華嚴經卷二十八·十忍品

此偈的意思是說，眾生本來無所謂束縛也無所謂解脫，一切的世間現象也都沒有什麼好議論的，而且世間也沒有心內和心外之分，這些就像打雷時映在水中的電光那樣，看來似有，其實是幻非真。

這是在表達空的觀念，同時也在形容大菩薩的心胸襟懷及其無邊的智慧。

佛和菩薩已得解脫，眾生既不在他們的心外也不在他們的心內，由他們看眾生，眾生同於佛，但他們還是要那麼忙碌地度化眾生，何苦來哉？既然知道世界是虛妄的，何必來來去去度眾生？

然而，只要多一點修行的工夫，努力持戒、修定，多看佛經，自然而然會體驗到：世界與衆生固然虛妄，可憐的衆生，卻不知世間虛妄，惹來無盡的苦惱，佛菩薩就自然而然地要努力度衆生了。

智慧愈高的人，自私自利、自求安樂的心愈少，慈悲利他的心愈强。好比一口水井，挖得愈深井愈空，出水量也愈大，而為供給更多，就挖得更深更大，出水也就愈來愈多。所以，空和有之間的關係，不是凡夫能夠想像得到的。

「衆生無縛無解脫」，衆生本來不被煩惱所縛，也沒有需要解脫的問題，佛菩薩還有什麼事好做呢？「一切世間」既然「不可說」，釋迦牟尼佛為什麼還要講那麼多佛法？世間既不在心內也不在心外，又在哪裡？一般人認為，衆生被煩惱束縛，所以需要用佛法來修行解脫；也認為世間現象是可以觀察、說明、理解的；又認為內心世界和心外環境是歷歷分明的。如果明白了第四句話「如彼水中電光像」，就能體會到前三句話的涵義了。

第四句話點出了主格的衆生及賓格的世間，事實如光如影、如幻如化，衆生不明真相，所以有煩惱有痛苦的束縛，一旦明白了真相，便與諸佛菩薩相同，當下便知本無煩惱困擾，又何須求取解脱。

上述這些都在世間發生，就衆生而言，一切都是有的；從佛菩薩來看，夢裡明明有六趣衆生，覺後空空無大千世界。沒有衆生的演員，沒有世間的舞台，哪還有什麼心內心外。不過，映在水中的電光，還是讓你看得清清楚楚，只是少了一個看得眼花撩亂的人。

自我圓融

若有諸菩薩，不厭生死苦；
具足普賢行，一切莫能壞。
——六十華嚴經卷四十六．入法界品第三十四之三

此偈是說，如果有人發了要學做菩薩的心願，便不該厭離生死之苦，應當學習普賢菩薩那樣，一邊常隨佛學，一邊恆順眾生。不論有多艱難的逆境困擾，也不會讓他退失救度眾生的大菩提心。這是描述菩薩行者的信願堅貞，難捨能捨，難忍能忍，難行能行。一般人如果厭苦離苦，便想逃避現實世界，菩薩行者則是知苦、耐苦，救度眾生脫離苦難，所謂「不為自身求安樂，但願眾生得離苦」，所以菩薩不厭生死之苦。

有一對老夫婦，移民到美國紐約，依靠一位做護士的女兒生活，住在醫院附近，隔鄰是教堂，教堂的後院是一大片墓場。因此逢人

就說，他們的家是在生、老、病、死的娑婆世界，精神上相當困擾，很希望搬出那個環境。他們的女兒卻持不同的意見說：生、老、病、死，正是她所服務的工作項目和工作場所。這兩種心態，正好反映出厭離和不厭離的兩種想法；很多人希望後世再來做人再來相會，也有好多人希望這一生過了之後不再來到人間受苦，也有很多人希望活久一點，以為好死不如歹活，活著雖然有許多麻煩，還是不希望死亡。

但是發了大願的菩薩，不貪戀生死也不厭離生死。他們為眾生而來，在生死的世間幫助在生死中受苦受難的眾生。他們好比進入監獄幫助受刑人，跟他們一起生活，同甘苦共患難。這樣才能使眾生親近、信賴、接受，才能對眾生有所幫助。

「具足普賢行」，普賢菩薩具足萬行，發了十個大願，願學佛法、願成佛道的目的，乃是為願一切眾生同出苦海、同成佛道。凡是開始信佛學法的人，就是初發心的菩薩，就當學習普賢菩薩廣度眾生的大悲願行。

「一切莫能壞」，是由於菩薩有信、願、行三種心的堅貞不拔，所以不論在任何情況下都不會使他們失望、退卻、後悔、中止，他們會繼續地再接再勵。如何才辦得到呢？必須一次又一次地發願要學習普賢菩薩，不戀生死，也不厭生死，便能做到。如果迷戀生命，就會貪生怕死；如果厭倦生命，就會逃避責任。生命的可貴，不在於貪求一時的享受；死亡的價值是在於完成了奉獻的任務。就在一生又一生的生死過程中，成長了自我的悲智，消融了自我的得失，便是生命的大圓滿及大圓融。

國家圖書館出版品預行編目資料

智慧 100 / 聖嚴法師著 . -- 三版 . -- 臺北市 : 法鼓文化 , 2016.12
面； 公分
ISBN 978-957-598-726-8(平裝)

1. 佛教說法

225　　105017074

清心百語 2

智慧一〇〇

Master Sheng Yen on 100 Gathas of Buddhist Wisdom

著者　聖嚴法師
插畫　朱德庸
出版　法鼓文化
總審訂　釋果毅
總監　釋果賢
總編輯　陳重光
編輯　林文理、李書儀
封面設計　黃聖文
內頁美編　Rooney Lee
地址　臺北市北投區公館路一八六號五樓
電話　(02)2893-4646
傳真　(02)2896-0731
網址　http://www.ddc.com.tw
E-mail　market@ddc.com.tw
讀者服務專線　(02)2896-1600
初版一刷　一九九八年一月
三版五刷　二〇二三年九月
建議售價　三〇〇元
郵撥帳號　50013371
戶名　財團法人法鼓山文教基金會—法鼓文化
北美經銷處　紐約東初禪寺
Chan Meditation Center (New York, USA)
Tel: (718) 592-6593　E-mail: chancenter@gmail.com

法鼓文化